法然上人のご法語

❷法語類編

浄土宗総合研究所【編訳】

JODO SHU PRESS

法然上人のご法語　第二集　法語類編〈目次〉

本書をお読みいただくにあたって

◆本書は、既刊『法然上人のご法語』（②法語類編、浄土宗刊＝絶版）の現代語訳を見直し、より理解しやすいよう再編集し文庫化したものです。

◆取り上げたご法語は、石井教道編『昭和新修法然上人全集』（平楽寺書店刊。本書では『昭法全』と略称します）の第二輯（しゅう）法語類編に収められている文献から、重要と思われる部分を抄出したもので、ジャンルやテーマごとに分類して目次立てをしました。

◆抄出した各ご法語は現代語訳（太字）、原文の順に並べ、末尾にその出典名（文献名）と『昭法全』の掲載ページを記載しました。

◆引用文（原文）は現代かなづかいに、漢字は原則として常用漢字にあらため、適宜ルビ（よみがな）を付しました。いずれも底本を参考に、最終的には編訳者および編集部の判断にもとづきます。

◆現代語訳に際し、必要と思われる場合には（　）付して文章を補いました。

◆引用した文（ご法語）と類似のものがある場合には、枝番号を付して掲載しました。酷似したご法語の場合、現代語訳は省略しています。
◆他の箇所に類似法語がある場合は、出典の後に（　）を付して該当箇所を記しています。その際、無印は本集、①等の数字は本シリーズの巻数を指します。
◆ご法語の中に経典やその注釈書などから引用がある場合は、文中に❶❷等を付し、各ご法語の末尾にその出典を示しました。「浄全」は『浄土宗全書』（山喜房仏書林刊）、「続浄」は『続・浄土宗全書』（同）、「聖典」は『浄土宗聖典』（浄土宗刊）、「正蔵」は『大正新修大蔵経』を示します。
◆重要と思われる用語や表現については、文中に＊を付し「用語解説」として巻末に掲載しました。なお、本シリーズ既刊の収載用語と重複するものにも＊印を付していますが、解説は省略しています。仏教語を詳しく学びたい方は「WEB版　新纂浄土宗大辞典」もご参照ください。（http://jodoshuzensho.jp/daijiten/index.php/）

一枚起請文・善導寺御消息

一枚起請文

1

私、法然の説いてきたお念仏は、み仏の教えを深く学んだ中国や日本の高僧方が理解して説かれてきた、静めた心でみ仏のお姿を想い描く観念のお念仏ではありません。また、み仏の教えを学びとり、お念仏の意味合いを深く理解した上で称えるお念仏でもありません。阿弥陀さまの極楽浄土へ往生を遂げるためには、ただひたすらに「南無阿弥陀仏」とお称えするのです。一点の疑いも抱くことなく「必ず極楽浄土に往生するのだ」と思い定めてお称えするほかには、細かい決まり事は何もありません。

ただし、お念仏を称える上では三つの心構えと四つの態度が必要とされていますが、それらさえもみなことごとく、「『南無阿弥陀仏』とお称えして必ず往生するのだ」と思い定める中に、自ずと具わってくるのです。もし私が、このこと以外にお念仏の奥深い教えを知っていながら隠しているというのであれば、あらゆる衆生を救おうとするお釈迦さまや阿弥陀さまのお慈悲に背くこととなり、私自身、阿弥陀さまの*本願の救いから漏れ堕ちてしまうこととなりましょう。

お念仏のみ教えを信じる者たちは、たとえお釈迦さまが生涯をかけてお説きになったみ教えをしっかり学んだとしても、自分はその一節さえも理解できない愚か者と自省し、*出家とは名ばかりでただ髪を下ろしただけの人が、仏の教えを学んでいなくとも心の底からお念仏を称えているように、決して*智慧ある者のふりをせず、ただひたすらお念仏を称えなさい。

以上のことを証明し、み仏にお誓いするために私の両の掌を印としてこの一紙に判を押します。

浄土宗における心の持ちようと行のありかたを、この一紙にすべて極めました。私、源空の存ずることには、この他に異なった理解はまったくありません。私の滅後、お念仏について邪な見解が出てくるのを防ぐために、存ずるところを記し終えました。

建暦二年正月二十三日　（法然上人の御手印）

唐土我朝に、もろもろの智者達の、沙汰し申さるる観念の念にもあらず。

また学問をして、念のこころを悟りて申す念仏にもあらず。ただ往生極楽のためには、南無阿弥陀仏と申して、うたがいなく往生するぞと思い取りて申す外には別の仔細候わず。ただし*三心*四修と申すことの候うは、皆決定して南無阿弥陀仏にて往生するぞと思ううちにこもり候うなり。この外に奥ふかき事を存ぜば、二尊のあわれみにはずれ、本願にもれ候うべし。念仏を信ぜん人は、たとい一代の法をよくよく学すとも、一文不知の愚鈍の身になして、*尼入道の無智のともがらに同じうして、智者のふるまいをせずしてただ一向に念仏すべし。

証のために両手印をもってす。

浄土宗の*安心*起行この一紙に至極せり。源空が所存、この外に全く別義を存ぜず、滅後の邪義をふせがんがために所存をしるし畢んぬ。

建暦二年正月二十三日　　大師在御判

（底本『浄土宗信徒日常勤行式』・昭法全四一五も参照）

2

善導寺御消息

念仏往生ということについて故法然上人は次のようにおっしゃいました。

「私の説いてきたお念仏は、み仏の教えを深く学んだ中国や日本の高僧方が理解して説かれてきた、静めた心でみ仏のお姿を想い描く観念のお念仏ではありません。また、み仏の教えを学びとり、お念仏の意味合いを理解しつくした上で称えるお念仏でもありません。阿弥陀さまの極楽浄土へ往生を遂げるためには、ただひたすらに『南無阿弥陀仏』と称え、一点の疑いもなく『必ず極楽浄土に往生するのだ』と思い定めてお称えするほかに特別なことはありません。ただし、お念仏を称える上で、三つの心構えや四つの態度などが是非必要とされますが、それらさえもみなことごとく、『南無阿弥陀仏』とお称えして必ず往生するのだと思い定める中に、自ずと具わってゆくのです」と。

この私、聖光もいろいろ経験を積んだ後に思い当たったのですが、故法然上人も「『南無阿弥陀仏』と称えれば必ず往生するのだとお信じなさい」とたびたび仰せになったことこそあれ、「これ以外にもお念仏には奥深い教えがある」とはまったく仰せになりませんでした。そして私にはまた次のようにもおっしゃいました。
「もしお念仏に、これ以外にも奥深い教えがあるのだと、私、法然が申すのならば、阿弥陀仏と釈迦仏のお慈悲をいただけるはずもありません。また、お念仏の教えをお守り下さる梵天や帝釈天から厳しく罰を受けるでしょう。お念仏のみ教えをお信じになる人は、お釈迦さまが生涯をかけて説かれたみ教えをしっかり学び習ったとしても、自分はその一節さえも理解のおぼつかない、愚かで物わかりの鈍い、分別のつかない身と自省して、*出家とは名ばかりでただ髪を下ろしただけの人が、仏の教えを学んでいなくとも心の底からお念仏を称えている人に我が身をなぞらえなさい。そして、これからは決して*智慧のある者の振りをせず、ただひたすら『南無阿弥陀仏』とお称えしてこそ往生は叶うのです」と。

　念仏往生ともうし候ことは、故法然上人の御房の候いしは、もろこし我朝にもろもろの智者達のさたしもうさるる観念の念仏にもあらず、学問をして念仏のこころをさとりとおしてもうす念仏にもあらず、ただ往生極楽せんがために南無阿弥陀仏ともうして、うたがいなく往生するぞと思いとりて、もうし候ほかにべつのこと候わず。ただし三心ぞ四修ぞなんどもうす事の候は、みな決定して南無阿弥陀仏は往生するぞと思ううちにおさまれり。このほうしもよくよくならい候いてのちに思いあわせ、故ひじりの御房もおおせられては、南無阿弥陀仏ともうすは決定して往生する事なりと、信とれとこそ候いしが、このほかにおくふかきことのあるぞとはまったくおおせ候わず。もしそれこのほかにおくふかき事のあるぞとも、ひじりの御房のおおせこと候わば、あみだ仏と釈迦仏とのおんあわれみまかりかぶり候わじ。又念仏守護の梵天、帝釈のおん罰ふかくあたり候わん。念仏を信じたまわん人は、一代のみのりをよく学しならいたる人なりとも、文字一もしらぬ愚癡鈍根の、不覚の身となして、尼入道無智のともがらにわがみをなして、智者ぶるまいながくせずしてただ一向に南無阿弥陀仏ともうしてぞかなわんと。　【昭法全四三三】

第一章　人間

第一節　迷えるわれら

3

私たちは、今はじめてこの人間の世界に生を受けたわけではありません。はるか遠い過去から生まれ変わり死に変わりを繰り返し、その間には、仏さまのお導きにも、菩薩さまによる説法にも、幾度かはお遭いしたこともあったでしょう。ただ（こうしていまだに迷いの世界に留まっているのは）そうした教えを信じることもなく、きっとお導きに漏れてしまったからに違いありません。

過去・現在・未来のすべての仏さま、あらゆる世界の菩薩さまは、思えばみな昔の友なのです。お釈迦さまも五百塵点劫というはるか遠い遠い昔、阿弥陀さまも十劫というはるか昔には、恐れ多くもお父上・お母上・お師匠さま・お弟子として、お互いの関わりがあったかもしれません。仏となる方はそれ以前の仏さまからみ教えを授かり、善知識の教えを信じて、速やかにさとりへの志を発して行を修め、仏とおなりになって長い時間が過ぎているのです。それに比べて私たちは信ずる心がおろそかでしたので、いまだに生死の迷いの世界に留まっているのです。

われらこのたび、はじめて人界の生をうけたるにてもあらず、世世生生をへて、如来の教化にも、菩薩の弘経にも、いくそばくかあいたてまつりたりけん。ただ、不信にして教化にもれきたるなるべし。三世の諸仏、十方の菩薩、おもえばみなこれむかしのともなり。釈迦も五百塵点のさき、弥陀も十劫のさきは、かたじけなく父母師弟とも、たがいになりたまいけん。仏は前仏の教をうけ、善知識のおしえを信じて、はやく発心修行したまいて、成仏してひさしくなりたまいにけり。われらは信心おろかなるがゆえに、いまに生死にとまれるなるべし。【念仏大意・昭法全四一三】

4

さて、三界という迷いの世界に生死を繰り返してきた間、いったい、いかなる世界にさまよっていたがためにお釈迦さまの出現に巡り遇わなかったのでしょうか。輪廻して四生を繰り返していた間、どのような生を受けてきたがためにお釈迦さまの説法を拝聴することができなかったのでしょうか。『華厳経』

をお説きになった場にも加わらず、『般若経』をお説きになった席にも座らず、霊鷲山でのご説法にもうかがわず、お釈迦さまが涅槃に入られる間際の最後のご説法にも参りませんでした。

私ははるか昔、お釈迦さまが過ごされた舎衛城に生まれながら、そのお名前さえ聞くことがなかったという三億人の民の家のどこかに生を受けたのでしょうか。それとも、八熱地獄の底に止まっていたのでしょうか。ああ、なんと恥ずかしいことでしょう、あまりにも悲しいことではないですか。

しかしながら、まさに今、幾度となく生死を繰り返しつつ永い時を経て、生まれ難いこの人間界に生まれてきたのです。そして、量り知れないほど長い歳月の果てに、遭い難い仏教にようやく出会うことができたのです。お釈迦さまのご在世中、直接お会いできなかったのは確かに悲しいことですが、そのみ教えが広まっているこの世に生を受けたのは実に喜ばしいことです。それはあたかも、大海にさまよう亀が、たまたま漂っていた板きれの節穴にぴたりと頭を突き出したようなものでしょう。

そもそも日本にみ仏の教えが広まったのは、欽明天皇の御代になって十三年（西暦五五二年）の初冬、十月一日に仏教が伝来したのがその始まりでした。

それ以前には仏教は広まっておらず、さとりへの道など聞くこともなかったのです。そもそも、いかなる前世のご縁によってか、いかなる善根によってか、私たちはみ仏の教えが広まっているこの時代に生まれ、生死の迷いの世界を離れ出ることができたのでしょうか。いずれにしても今、現に、遭い難い中にもみ仏の教えに出会うことができたのです。

それ流浪三界のうち、いずれの界におもむきてか釈尊の出世にあわざりし。輪廻四生のあいだ、いずれの生をうけてか如来の説法をきかざりし。華厳開講のむしろにもまじわらず、般若演説の座にもつらならず、*鷲峯説法のにわにものぞまず、鶴林涅槃のみぎりにもいたらず、われ舎衛の三億の家にややどりけん、しらず地獄八熱のそこにややすみけん、はずべしはずべし、かなしむべしかなしむべし。まさにいま多生広*劫をへて、うまれがたき人界にうまれて、無量劫をおくりてあいがたき仏教にあえり。釈尊の在世にあわざる事は、かなしみなりといえども、教法流布の世にあう事をえたるは、是よろこびなり。たとえば目しいたるかめの、うき木のあなにあえるがごとし。わが朝に仏法流布せし事も、欽明天皇あめのしたをしろしめして、十三年みずのえさるのとし、ふゆ十月一日はじめて仏法わたり給いし。それよりさきには、如来の教法も流布せざりしかば、菩提の覚路いまだきかず。ここにわれらいかなる宿縁にこたえ、いかなる善業によりてか、仏法流布の時にうまれて、生死解脱のみちをきく事をえたる。しかるをいまあいがたくしてあう事をえたり。【登山状・昭法全四一六】

5

(せっかく受け難い人としての生を受け、遭い難い仏教に出会えたのに)ただなんとなく日々を送り続けることこそ悲しいことです。ある人は庭園に咲きほこる見事な花を愛でては、春のうららをぼんやりと過ごし、ある人は楼閣から名月を楽しんでは秋の夜長をうつろに過ごしています。ある人ははるか遠く雲のかかる山まで鹿を追い求めて年月を送り、ある人は万里の彼方の波にまで魚を求め海を渡って月日を費やしています。ある人は厳寒に氷の中を踏み分け入って世間をわたり、ある人は炎天下に汗を拭い富のためにあくせくしています。ある人は妻や子、兄弟親戚にすがられて親族の情を断ち切れず、ある人は敵や怨みに思う人に出会い、怒りの炎は消えることがありません。

およそこのように、人は昼も夜も四六時中、いついかなる場合も、一瞬たりともそうした状況から抜け出せないでいるもので、*地獄（じごく）・餓鬼（がき）・畜生（ちくしょう）の*三途（さんず）に堕（お）ちたり、*八難（はちなん）の境涯（きょうがい）に生まれる行いをただむやみに重ねているのです。ある経文に「人は一日の間に、八億四千もの思いが湧き起こり、その一つ一つがみな、三途に堕ちる行いである」と説かれるとおりです。こんなふうに昨日もなんとなく終わってしまい、今日もまたあてどない一日が始まってしまいました。ああ、これから先、どれほどこうして暮らし明かしてゆくのでありましょうか。

いたずらにあかしくらして、やみなんこそかなしけれ、あるいは*金谷（きんこく）の花をもてあそびて、遅々（ちち）たる春の日をむなしくくらし、あるいは*南楼（なんろう）に月をあざけりて縵々（まんまん）たる秋の夜をいたずらにあかす。あるいは千里の雲にはせて、山のかせぎをとりてとしをおくり、あるいは万里（ばんり）のなみにうかびて、うみのいろくずをとりて日をかさね、あるいは厳寒（げんかん）にこおりをしのぎて世路（せろ）をわたり、あるいは炎天にあせをのごいて利養（りよう）をもとめ、あるいは妻子（さいし）眷属（けんぞく）に纏（まと）われて、恩愛（おんない）のきずなきりがたし、あるいは執敵怨類（しゅうてきおんるい）にあいて、瞋恚（しんに）のほむらやむ事なし。惣じてかくのごとくして、昼夜朝暮（ちゅうやちょうぼ）、行住坐（ぎょうじゅうざ）

臥(が)、時としてやむ事なし。ただほしきままに、あくまで三途八難の業(ごう)をかさぬ。しかればある文(もん)には、❶一人一日(いちにんいちにち)の中(うち)に、八億四千の念あり、念々の中(なか)の所作(しょさ)、皆是(これ)三途(さんず)の業といえり。かくのごとくして、昨日(きのう)もいたずらにくれぬ、今日(きょう)も又むなしくあけぬ。いまいくたびかくらし、いくたびかあかさんとする。

【登山状・昭法全四一七】

❶『仏名会礼懺儀』浄土宗法要集上　新訂改第四版～差定・偈文・表白・宣疏～三一〇

6

そもそも、朝に咲いた美しい花であっても、夕暮れともなれば吹く風に散りやすく、夕暮れから草木に付いた露のしずくも、朝陽の光にやすやすと消えていくのです。こうした道理を知らずに、栄耀栄華(えいようえいが)が永遠に続くよう願い、こうした道理をわからずに、際限のない命を願うのです。

けれども、そうこう思いめぐらすうちに、ひとたび無常という風が吹き、はかない露にも似たこの命が永久に消え去れば、この身ははてしない荒野(こうや)に打ち捨てられ、この魂も遠い山奥に送り出されることでしょう。屍(しかばね)もやがては、苔むす土に埋もれ、魂はたった一人行方（ゆくえ）の知れぬ旅にさまようことでしょう。妻や子、一族の者が同じ家に暮らしていたとしても冥土への旅路を共にしてくれるわけではありません。蔵の中は七種の宝の山で満たされていたとしても、冥土への旅路には何の役にも立ちません。この身につき従うのはただただ後悔の涙だけなのです。

いよいよ閻魔（えんま）大王が待ち受ける法廷に至ったならば、犯した罪の浅い深いが大王によって見定められ、その報いの軽い重いが審判されることでしょう。大王は罪人に「汝は、釈尊の教えが広まっている人の世に生を受けながら、何故（なにゆえ）に仏道を修めることなく、虚（むな）しくこの法廷に戻ってきたのか」と問われることでしょう。その時私たちは、いったいどう答えたらよいのでしょうか。今すぐ、生まれ変わり死に変わりを繰り返すこの世界を離れ出る道を求めて、虚しく帰ることのないようにしなければなりません。

それあしたにひらくる栄花（えいが）は、ゆうべの風にちりやすく、ゆうべにむすぶ命露（めいろ）はあしたの日にきえやすし。これをしらずしてつねにさかえん事をおもい、これをさとらずしてつねにあらん事をおもう。しかるあいだ、無常の風ひとたびふけば、有為のつゆながくきえぬれば、これを広野にすて、これをとおき山におくる。かばねはついにこけのしたにうずもれ、たましいはひとりたびのそらにまよう。妻子眷属は家にあれどもともなわず、*七珍万宝はくらにみてれども、益もなし。ただ身にしたごうものは後悔のなみだなり。ついに閻魔の庁にいたりぬれば、つみの浅深をさだめ、業の軽重をかんがえらる。法王罪人にといていわく、なんじ仏法流布の世にうまれて、なんぞ修行せずして、いたずらに返りきたるや。その時にはわれらいかがこたえんとする。すみやかに出要をもとめてむなしく返る事なかれ。

【登山状・昭法全四一八】

7

どの宗派も「自身の宗派の教えこそもっとも勝れている」と互いに争って、それぞれに「我々こそ釈尊の真意をもっとも正しく解している」と論じあっています。なるほど、各宗派の教えは、みな経典やその注釈者に説かれた真実の言葉に基づいており、そもそもがお釈迦さまの口から直々に語られた金言なのです。お釈迦さまは、ある時には相手に応じて教えを説かれ、ある時にはその時と場合に応じてお諭しになりました。ですから「どの教えが浅く、どの教えが深い」などの是非は判断し難いのです。あの教えもお釈迦さまの教えであり、この教えもお釈迦さまの教えなのですから、相互に「自分の教えだけが正しい」などと偏った見方をしてはなりません。（中略）ただひたすら修行に励むべきなのです。どの教えにしても、＊生死を繰り返す迷いの世界から離れ出て、覚りへと至る道なのです。けれども今の人たちは、一方の教えを学んでは他方の教えを妬み、他方の経典を唱えては一方の経典を誹っています。物わかりの鈍い愚か者はこうした風潮に惑わされやすく、学の浅い者はこうした風潮に各宗の教えをどう理解するか判断をつけにくいのです。たまたま一つの教えに帰依してその＊功徳を積もうとすれば、たちまちさまざまな宗派の争いが身に迫り、反対に、広くさまざまな宗派にわたってその教えを学ぼうとすれば、人一人の寿命などすぐに尽きてしまうものです。

宗々に究竟至極の義をあらそい、各々に甚深正義の宗を論ず。みなこれ経論の実語なり。そもそも又如来の金言なり。あるいは機をととのえてこれをとき、あるいは時をかがみてこれをおしえ給えり。いずくかあさく、いずれかふかき、ともに是非をわきまえがたし。かれも教これも教、たがいに偏執をいだく事なかれ。（中略）ただすべからく修行すべし、いずれも生死解脱のみちなり。しかるにいまかれを学する人はこれをそねみ、これを誦する人はかれをそしる。愚鈍のものこれがためにまどいやすく、浅才の身是がためにわきまえがたし。たまたま一法におもむきて功をつまんとすれば、すなわち諸宗のあらそいたがいにきたる、ひろく諸教にわたりて義を談ぜんとおもえば、一期のいのちくれやすし。

【登山状・昭法全四一九】

8

自分が今までに知らなかったことを言われたならば、人は決まって疑いを抱くものです。

予が不知の事を云わば、必ず疑心を起こすなり。【一期物語・昭法全四三八】

9

私（法然）は、とにかくこの迷いの世界を離れたいと思っていたので、さまざまな教えを信じ、さまざまな行を修めてきました。そもそも、仏の教えは多くあるとはいえ、せんじ詰めればそれらはすべて、戒律を守ること、心を静める禅定、そして煩悩を断ずる智慧の三学におさまります。いわゆる小乗仏教における三学、大乗仏教における三学、顕教における三学、密教における三学です。しかしながらこの私は、戒律についていえばわずか一戒さえも守ることができず、禅定を修めても心は何一つもかかわらず、智慧を深めようとしても、煩悩を断ずる覚りなど極められません。厳しく戒律を守られている僧が「戒を守り清らかにその身を保たなければ、禅定の境地など得られるものではない」とおっしゃっているとおりです。

また、私たち凡夫の心は物事にとらわれて移りやすく、あたかも猿のようで、実にあちこちと散り乱れて落ち着かず、一つの境地に定まりにくいものです。迷いなき覚りの智慧は、どのようにして発るのでしょうか。もし、迷いなき覚りの智慧という剣がなければ、悪業に絡められた煩悩の絆などどのように断ち切れるというのでしょうか。その絆を断ち切らなければ、どうして生き死にを繰り返す迷いの世界に縛り付けられたこの身を解き放つことなどできましょうか。ああ、なんと悲しいことよ。ああ、いったいどうすればよいのだろう。

出離の心ざしいたりてふかかりしあいだ、もろもろの教法を信じて、もろもろの行業を修す。およそ仏教おおしといえども、詮ずるところ戒定慧の三学をばすぎず。いわゆる小乗の戒定慧、大乗の戒定慧、顕教の戒定慧、密教の戒定慧なり。しかるにわがこの身は、戒行において一戒をもたもたず、禅定において一つもこれをえず、智慧において断惑証果の正智をえず。これによて戒行の人師釈していわく、*尸羅清浄ならざれば、*三昧現前せずといえり。又凡夫の心は物にしたがいてうつりやすし、たとうるにさるのごとし、ま事に散乱してうごきやすく、一心しずまりがたし。無漏の正智なにによりてかおこらんや。もし無漏の智剣なくば、いかでか悪業煩悩のきずなをたたんや。悪業煩悩のきずなをたたずば、なんぞ生死繋縛の身を解脱する事をえんや。かなしきかなかなしきかな、いかがせんいかがせん。

【聖光上人伝説の詞・昭法全四五九】

第二節　道を求めて

10

学問を修めるにあたっては、あらたに見定めることがきわめて大切です。師匠の説をそのまま伝え習うだけならたやすいものです。

学問ははじめてみたつるは、きわめて大事なり、師の説を伝習（でんしゅう）するはやすきなり。

【修学についての御物語　其一・昭法全四八五】

11

私（法然）にとって経典をひもとかない日などありませんでしたが、木曽（きそ）の義仲（よしなか）が京の都に攻め入ったその一日だけ、それが叶いませんでした。

われ聖教（しょうぎょう）を見ざる日なし、*木曽の冠者花洛（かじゃからく）に乱入のとき、ただ一日聖教を見ざりき。

【修学についての御物語　其二・昭法全四八六】

かつて私（法然）は、生き死にを繰り返すこの迷いの世界を離れ出るための道を歩めずに悩み苦しみ、身心ともに不安でありましたが、その昔、＊恵心僧都源信さまが『往生要集』を著され、濁りきった＊末法の世に生きる＊出家した人とそうでない人とを問わず（浄土の教えを）お勧めになられていたので、この書に生死を離れ出る道を尋ねようとしたのです。その序文には「極楽に往生するための教えと修行は、濁りきった末法の世に生きる人々の眼であり足である。出家者も俗世の者も、身分の高い人もそうでない人も、誰がその教えと修行に帰依せずにおられようか。そもそも＊顕教や＊密教の教えを説く文は一様ではない。事や理を行ずるにしても、その修法は数多い。秀れた＊智慧を持ち精進を重ねた者であれば、そうした修行の完成は難しいものではない。しかし私（源信）のように物わかりの鈍い愚か者が、どうして敢えて行じようとするであろうか。そこで、念仏一行の教えを依りどころにして、それに関する大切な文章を経典や論書からわずかながら集めた。本書をひもとき修めるならば、さとりやすく、行じやすいであろう」とありました。

この短い序文は『往生要集』全体の要旨を述べています。この書がお念仏を依りどころとしていることはもとより明らかです。ただし序文だけでは念仏のありようが詳しくはわからないので、本文を読み進めてそれを見てみました。この書は十章に分かれますが、その中の「第一厭離穢土門（穢れたこの世を厭い離れる）」、「第二欣求浄土門（浄土を願い求める）」、「第三極楽証拠門（極楽浄土に限る証拠）」の三章は修行について解き明かしてはいないので今は論じません。それに続く第四から第八までの五つの章がお念仏について述べられています。「第九諸行往生門（さまざまな修行による往生）」は修行者の望みに応じて一旦は諸行に言及していますが、それ以上の懇切丁寧な勧めはありません。「第十問答料簡門（種々の疑問に答える）」は、これもまた修行を解き明かしていません。

そこでお念仏を説く五つの章について考察してみましょう。「第四正修念仏門（正しく念仏を修すること）」には、お念仏の行が明かされています。「第五助念方法門（念仏に向かわせる教え）」では、お念仏は中心となる行であり、この章にお念仏に向かわせる行が明かされています。こうしたことからお念仏を勧めることが源信さまの本意なのです。

「第六別時念仏門*（別時の念仏について）」は、一生涯を通じたお念仏が勇んで勤められなければ、日数を限ったお念仏を勤めよと明かされています。この章は新たに修行を述べたわけではありません。「第七念仏利益門（念仏による利益）」は、お念仏を勧めるために、そのさまざまな利益をとりまとめようとこの章が設けられたのです。「第八念仏証拠門（諸経に見られる念仏の証拠）」、この章を読めばこの書の本意がお念仏を説くことにあるのは明らかです。

> 出離の道に煩いて、身心安からず、そもそも恵心の先徳往生要集を造りて、濁世末代の道俗に勧めて、これについて出離の趣を尋ねんと欲す。まず序に云わく、❶往生極楽の教行は、濁世末代の目足なり。道俗貴賤、誰か帰せざる者あらん。但し*顕密の教法、其の文一にあらず、*事理の業因、其の行多し。利智精進の人、いまだ難からず。予が如き頑魯の者、豈敢えてせんや。是の故に念仏の一門に依りて、聊か経論の要文を集む。之を披いて之を修むるに、覚り易く行じ易からん。云云。序は略して一部の奥旨を述べて言う。此の宗己に念仏に依ると云う事顕然なり。但し念仏の相貌未だ委しからざるは、文に入りて之を採るに、此の集十門を立つ。第一・

第二・第三門は是、行体に非ざれば暫く之を置く。其の余の五門は是、念仏に就きて之を立つ。第九は諸行往生門、是、行者の意楽に任せて一旦之を明かすと雖も、更に慇懃丁寧の勧進に無し。第十門は是、問答料簡なれば又行体に非ず。念仏の五門に就きて之を料簡す。第四は是、正修念仏なり。此を以て念仏の体と為す。第五は是、助念の方法なり。念仏を以て所助と為す。此の門を以て能助と為す。故に念仏を本意と為すなり。第六は別時念仏なり。長時の勤行は勇進するに能わざれば、日数を限りて上の念仏を勤むるなり。更に別体に非ず。第七は是、念仏の利益なり。上の念仏を勧めんが為に利益文を勘えて之を挙ぐ。第八は是、念仏の証拠なり。本意は念仏に在りと云う事又顕然なり。

【一期物語・昭法全四三六】

❶『往生要集』巻上本　浄全一五・三七上

12-2 かつて私（法然）は、生き死にを繰り返すこの迷いの世界を離れ出るための道をさがしあぐね、眠れぬ夜を過ごし食事も喉を通らず、長年心を悩ませた末に、＊恵心僧都源信さまの『往生要集』をひもときました。その序文には「そもそも極楽に往生するための教えと修行は、濁りきった*末法の世に生きる人々の眼であり足である。*出家した人もそうでない人も、身分の高い人もそうでない人も、誰がその教えと修行に帰依せずにおられようか。そもそも*顕教や*密教の教えを説く文は一様ではない。事や理を行ずるにしても、その修法は数多い。秀れた*智慧を持ち精進を重ねた者であれば、そうした修行の完成は難しいものではない。しかし私（源信）のように物わかりの鈍い愚か者が、どうして敢えて行じようとするであろうか。そこで、念仏一行の教えを依りどころにして、それに関する大切な文章を経典や論書からわずかながら集めた。本書をひもとき修めるならば、さとりやすく、行じやすいであろう」とあります。この短い序文は『往生要集』全体の要旨を述べています。まさに「念仏一行の教えをよりどころにして……」との一文がそれです。

本文をつぶさに読み進めると、この書は十章に分かれています。その中の「第一厭離穢土門（穢れたこの世を厭い離れる）」「第二欣求浄土門（浄土を願い求める）」「第三極楽証拠門（極楽浄土に限る証拠）」の三章は修行を解き明かしてはいないので今は論じません。残りの七章（のうち六章）はお念仏に向かわせる教えとなるものです。そして第四章、すなわち「正修念仏門（正しく念仏を修すること）」こそが、浄土の教えにおける、往生のためのまことの因となるのです。ですから、私は『往生要集』を導き手として浄土の教えに帰依したのです。

我昔出離の道に煩いて、寝食やすからず、多年心労の後、往生要集を披覧するに、序に曰わく、❶夫、往生極楽の教行は、濁世末代の目足なり。道俗貴賤、誰か帰せざる者あらん。但し*顕密の教法、其の文一に非ず。*事理の業因、其の行惟れ多し。利智精進の人は、いまだ難しとせず。予が如き頑魯の者、豈敢えてせんや。是の故に念仏の一門に依りて、聊か経論の要文を集む。之を披いて之を修さば、覚り易く行じ易からん。云云。序は略して一部の奥旨をのぶ。まさしく念仏一門に依る。云云。文に入りて委く探るに、此の集に十門をたつ。其の中に厭離穢土、欣求浄土、極楽証拠の三門は、行体にあらず。しばらくこれをおく。のこる所の七門は念仏の助成なり。第四の一門はすなわち正修念仏なり。これをもって此の宗の正因とす。此の故に予、往生要集を先達として*浄土門に入るなり。

【修学についての御物語・昭法全四八六】

❶前出に同じ

第二章　救いの道

第一節　浄土宗を開く

13

今、私（法然）が浄土宗を開く目的は、*凡夫（ぼんぶ）が浄土へ往生することを示すためです。もし*天台宗の教えにしたがえば、凡夫の往生を認めるという点で似てはいますが、その浄土に対する評価は至って低次なものです。もし*法相宗（ほっそう）の教えにしたがえば、浄土に対する評価はたいへん高次なものではありますが、凡夫の往生をまったく認めません。さまざまな宗派で論ずるところは一様ではありませんが、総じて凡夫が浄土に往生することを認めません。それ故、*善導大師（ぜんどうだいし）のご解釈に基づき浄土宗を開く時、まさに凡夫が阿弥陀さまの妙なる浄土に往生するという事実が、はじめて明らかになるのです。

このこと対し、多くの人が「必ずしも新たに教えを立てなくとも、念仏往生は勧められる。今、新しい宗の教えを立てようとするのは、他宗の教えより勝れていると誇示するためなのだ」と非難しています。けれども、もし浄土宗という新たな教えを立てなかったならば、どうして凡夫が阿弥陀さまの浄土に往生するという道理を明らかにすることができましょうか。
もし人が訪ねてきて「念仏往生の教えとは、いったいどんな教えか、いかなる宗か、いかなる祖師の意に沿うか」と問われたとしても、天台宗でもなければ、法相宗でも、*三論宗でも、*華厳宗でもありません。それでは、いかなる宗で、どんな教えで、いかなるお祖師さまの御心に沿っているのか、と答えればよいのでしょう。これは独立した教えなのですから「*道綽禅師や善導大師の御心に基づいて浄土宗を立てました。他の宗派よりも勝れた教えであると誇示するわけではまったくありません」と答えればよいのです。

我今浄土宗を立つる意趣は、凡夫の往生を示さんが為なり。若し天台の教相によれば、凡夫往生をゆるすに似たりといえども、浄土を判ずる事至って浅薄なり。若し法相の教相によれば、浄土を判ずる事甚深なりといえども、全く凡夫往生をゆるさず。諸宗門の所談異なりなりといえども、惣じて、凡夫報土に生ずと云う事をゆるさず。故に善導の釈義に依りて浄土宗を興する時、即ち凡夫報土に生まるということ顕るるなり。爰に人多く誹謗して云わく、必ず宗義を立てずとも念仏往生を勧むべし、今、宗を立つること、只是勝他の為なりと。若し別の宗義をたてずば、何ぞ凡夫報土に生るる義をあらわさんや。若し人来たりて、念仏往生は是何れの教、何れの宗、何れの師の心ぞと問わば、天台にもあらず、法相にもあらず、三論にもあらず、華厳にもあらず、何れの宗、何れの教、何れの師の意とか答えんや。是の故に道綽・善導の意に依りて浄土宗を立つ、これ全く勝他の為にあらずというべし。

【浄土立宗の御詞　其一・昭法全四八二】

（→類似法語・63参照）

13-2

我浄土宗を立つる意趣は、*凡夫の往生を示さんが為なり。若し*天台の教相に依らば、凡夫往生を許すに似たりと雖も、浄土を判ずること至って浅薄なり。若し*法相の教相に依らば、浄土を判ずること甚深なりと雖も、全く凡夫の往生を許さず。諸宗の談ずる所、異なると雖も、惣じて凡夫の浄土に生ずと云う事を許さず。故に*善導の釈義に依りて、浄土宗を興する時、即ち凡夫報土に生ずと云う事顕るるなり。爰に人多く誹謗して云わく、念仏往生を勧むべし、今宗義を立つる事唯勝他の為なり。云云　若し別に宗を立てずば、何ぞ凡夫の報土に生ずる義を顕さんや。若し人来たりて念仏往生を言わば、是何れの教、何れの宗、何れの師の意ぞと問わば、天台にあらず、法相にあらず、*三論にあらず、*華厳にあらず、何れの宗、何れの師の意と答うか。是の故に*道綽・善導の意に依りて浄土宗を立つ、全く勝他にあらざるなり。【一期物語・昭法全四四〇】

（→類似法語・63参照）

14

比叡山のある僧が「浄土宗をお開きになられたのは本当でしょうか」と法然上人に質問したところ、上人は「本当です」とお答えになりました。その僧がまた「いかなる経典や註釈書を依りどころにしてお開きになったのですか」と質問すると、これには「*善導大師の『観無量寿経疏』にある、お釈迦さまがお念仏をお授けくださったことについて解釈された文を依りどころに開いたのです」とお答えになられました。

さらにその僧が「一宗の教えを掲げるというほどの重大な事柄を、なぜ、わずかその一節のみを依りどころとして開かれたのですか」と重ねて尋ねました。

それに対して上人は微笑むだけで何もおおせになりませんでした。

その僧は、比叡山に帰り宝地房証真法印の前でこの一部始終を語り、「法然の言うことは、おしなべて返答というほどのものではなかった」と言いました。すると法印は「法然上人が充分な答えを示さなかったのは、それが答えるまでもない質問であると判断されたからです。上人は我々*天台宗においてすでにその法門を究めた方であり、そればかりでなく、多くの宗派の教えをも広く学びとり、その*智慧の深さは尋常の人の域を超えています。だからこそ、答えるまでもないとお思いになって、何もおっしゃらなかったのです。決して誤った見解に凝り固まってはなりません」とおっしゃいました。

問うて云わく、誠なるや、浄土宗を立て給う。答えて云わく、然なり。又問うて云わく、何れの文に付きて之を立て給うや。答えて云わく、善導、観経疏❶の*付属の釈に就きて之を立つるなり。又云わく、宗義を立つると云う程の事、何ぞ唯一文に依りて之を立て給うや。微笑して物言わず。山に還りて宝地房法印の前に於て、此の事を語り、惣じて返答に及ばずと云う。法印云わく、彼の上人、物言わざるは、不足の言に処するが故なり。彼の上人は我が宗に於て已に達者たり。剰え、諸宗に亘り普く習学せり。

智恵甚深なること、常人に超過せり。故に返答に及ばずと思いて物言わざるなり。努力々々僻見に住すべからず。

【一期物語・昭法全四四六】

❶『観経疏』散善義巻第四　浄全二・七一下／聖典二・一五二

15

私、法然がただひたすらにお念仏を称える教えを掲げたところ、多くの人が謗るのです。「たとえ念仏以外の行を修めたところで、それが念仏往生を妨げることになどまったくならない。それなのにどうして、ただひたすら念仏だけを称える教えにこだわっているのであろうか。それこそ偏った教えではないか」と。

このように非難するのは、この浄土宗の教えの由縁をよく知らないからです。経典には「ただひたすらに無量寿仏を念じなさい」と説かれ、*善導大師は「ただひたすらに阿弥陀仏の名を称えなさい」と解釈されています。こうした経文や解釈を離れ、私が勝手にお念仏の教えを掲げたのならば、非難されてもまことに致し方ありません。こうした非難をしようと思うのならば、まずお釈迦さまを誹り、次に善導大師を誹るべきです。そのように非難されるいわれなど、この私の身にはまったくないのです。

われ一向専念の義をたつるに、人おおく謗じていわく、たとい諸行を修すというとも、まったく念仏往生のさわりとなるべからず。何ぞあながちに一向専念の義をたつるや、これ偏執の義なりと、かくのごとくの難をいたすは、この宗のいわれをしらざるゆえなり。経には、❶一向に専ら無量寿仏を念ず、といい、釈には、❷一向に専ら弥陀仏の名を念ず、と判ぜり。経釈をはなれてわたくしにこの義をたてば、誠にせむるところのがれがたし。此の難をいたさんとおもわば、先ず釈尊を謗じ、次に善導を謗ずべし。そのとがまったくわが身のうえにあらず。

【浄土立宗の御詞　其三・昭法全四八二】

（↓類似法語156参照）

❶『無量寿経』巻下　浄全一・一九／聖典一・七一〜七二

❷『観経疏』散善義巻第四　浄全二・七一下／聖典

16

中国は唐の時代、*善導大師が浄土の教えを大成されるにあたっては、『無量寿経』『観無量寿経』『阿弥陀経』（以上、三経）と*世親の『往生論』（以上、一論）をまさしき依りどころとし、*曇鸞大師と*道綽禅師を浄土教の祖師となされました。そして、その教えはまさしく愚かな*凡夫のためのものであり、その傍らには高徳の僧侶のためのものであって、修める行はただ*称名念仏、願うところは阿弥陀さまのご来迎なのです。ひとえに阿弥陀さまの本願のお力を頼りとして、自身を軽んずることなどありません。他宗の教えと比べてどちらが勝れている、劣っていると判ずるものではなく、また他の教えと比べてどちらが浅い、深いと論ずるものでもないのです。

大唐の善導の浄土宗をたて給う事は、三経一論を正依とし、曇鸞・道綽を祖師とす。まさしくは凡夫の為にし、かたわらには聖人の為にして、行はただ称名、期するところは来迎、ひとえに願力をたのみて、自身をかる

二・一五二

ことなし。他宗に対して勝劣を判ぜず、余教に敵して浅深(せんじん)を論ずることなし。

【隆寛律師伝説の詞　其二・昭法全四六五】

第二節　聖道門と浄土門

17

*輪廻を断ち切る道は多いとはいえ、それらを大きく分ければ二つになります。一つには*聖道門(しょうどうもん)、二つには*浄土門(じょうどもん)です。聖道門というのは、この娑婆(しゃば)世界にありながら煩悩(ぼんのう)を断ち切ってさとりをめざす道程です。浄土門というのは、この娑婆世界を厭(いと)い、極楽浄土への往生を願って、善根(ぜんごん)を修める道程です。この二つの教えがありますが、聖道門はさしおいて浄土門に入るべきです。

出離(しゅつり)*生死(しょうじ)のみちおおしといえども、大きにわかちて二つあり。一つには聖道門、二つには浄土門なり。聖道門というは、この娑婆世界にて煩悩を断じ、菩提(ぼだい)を証(しょう)するみちなり。浄土門というは、この娑婆世界をいとい、かの極楽をねがいて、善根を修する門なり。二門ありといえども、聖道門をさしおきて浄土門に帰す。

【三心義・昭法全四五五】

17-2

出離生死の道多しと雖も、大きに分かちて二つ有り。一つには聖道門、二つには浄土門。聖道門とは、此の娑婆世界に於て、煩悩を断じ、菩提を証する道なり。浄土門とは、此の娑婆世界を厭い、極楽を忻うて、善根を修する門なり。二門有りと雖も、聖道門を閣きて、浄土門に帰するなり。

【十七条御法語・昭法全四七〇】

18

聖道門の教えは、例えて言えば祖父の履き物のようです。祖父は大きな足をしていますが、その孫は小さな足です。祖父の大きな履き物では上手に歩けません。今の時代の人々が、昔の賢者にならって聖道門の行を修めようとするのは、まるで大きな履き物を履こうとする幼な子のようです。道綽禅師はこうしたことをおっしゃりたかったのです。

聖道門は、之を喩うるに祖父の履の如し。祖父は大足なり。児孫は小足なり。其の履用うべからず。今の人、昔賢の跡を追いて聖道門を修せんと欲せども、またまた是くの如し。此道綽禅師の意なり。

【一期物語・昭法全四四八】

19

ある人が法然上人に「＊真言宗で修めている阿弥陀供養法という儀式は、阿弥陀さまに親しい行である＊正行となるのでしょうか」と尋ねました。すると上人は「いや、そうではありません。阿弥陀さまを拝んでいる点では同じように見えますが、教えに照らし合わせますと、その目指すところは同じではありません。真言宗の教えでは、阿弥陀仏は私たちの心の中にいらっしゃる仏であり、私たちの心の外に求めるべきではないと説きます。しかしながら、この浄土宗の教えでは、阿弥陀さまとは＊法蔵菩薩が修行して仏となられたお方で、現に西方極楽浄土にいらっしゃるのです。その理解の仕方は大いに異なります。真言宗はこの身のままで仏となる教えであり、浄土宗は極楽浄土に往生してそこで仏となる教えです。ですから、両者を混同してはなりません」とお答えになりました。

或る人問うて云わく。真言の阿弥陀供養法、是*正行なるべきか、いかん。答う。然るべからざるなり。一に似たりと雖も、教に随わば其の意同じからざるなり。真言教に云う、阿弥陀は是己心の如来なり、外を尋ぬべからず。此の教、弥陀は*法蔵比丘の成仏なり。西方に居す、其の意大いに異なるなり。彼は成仏の教なり、此は往生の教なり、更に以て同じうすべからず。

【一期物語・昭法全四四四】

20

この身このままで仏となるのは難しいことですが、浄土への*往生は遂げやすいものです。*道綽禅師や*善導大師の御心によれば、阿弥陀さまの本願のお力を仰ぐことが往生への揺るぎないご縁となるのです。それ故、*凡夫が浄土に往生するのです。

成仏は難しと雖も、往生は得易し。道綽・善導の意に依らば、仏の願力を仰ぎて強縁となす。故に凡夫浄土に生ず。

【一期物語・昭法全四三八】
（↓類似法語・③18参照）

お釈迦さまがいらっしゃった時代ですら、この身このままで仏となったのは、『法華経』に説かれる龍女以外にはおりません。たとえ、この身このままで仏になれなくとも、この世でのさとりを目指す聖道門の行を修めた菩薩や声聞方、その他の高僧や修行僧方をはじめ、時が下った今日の僧や尼僧までをも含めれば、経典やその解説文献を学んできた者や『法華経』を崇めてきた者は、どれ程の数に及ぶでしょう。

（しかし、そうした方々が皆、聖道門の教えをまっとうできるとは限らないのですから）末法の今日に生きる私たちが、あえて聖道門の教えを学ぼうとしても、そうした方々には決して及ぶものではありません。このような末法に生きる衆生を、阿弥陀さまはとうの昔にご存じで、そんな私たちをなんとか救おうと五劫という大変永い歳月を考え抜かれて四十八の誓願を発されたのです。

釈尊在世の時すら、即身成仏においては、龍女のほかいとありがたし。たといまた即身成仏までにあらずとも、この聖道門をおこないたまいけん菩薩声聞達、そのほかの権者ひじり達、そののち比丘比丘尼等いまにいたるまでの経論の学者、法華経の持者、いくそばくぞや。ここにわれらなまじいに聖道をまなぶというとも、かの人人にはさらにおよぶべからず。かくのごときの末代の衆生を、阿弥陀仏かねてさとりたまいて、五劫があいだ思惟して四十八願をおこしたまえり。

【念仏大意・昭法全四〇八】

22

もし天台宗の解釈に依れば、『観無量寿経』は『法華経』よりも以前にお釈迦さまがお説きになった経典ということになります。それ故、『観無量寿経』は『法華経』が説かれる時までの仮の教えということになります。また、もし法相宗の解釈に依れば、お念仏だけでは、臨終の後すぐさま浄土に往生できるわけではなく未来に往生する、と説く教えになります。しかし、浄土宗においては、あらゆる教えや修行は、すべてお念仏へ導くものとなるのです。それこそが我が浄土宗にとっての『観無量寿経』の真髄なのです。

此の観無量寿経は、若し天台宗の意に依らば爾前の教なり。故に法華の方便と成る。若し法相宗の意に依らば、*別時意を演べんと成る。然るに浄土宗の意に依らば、一切の教行は悉く念仏の方便と成る。故に浄土宗の観無量寿経の意と云うなり。【一期物語・昭法全四四七】

『阿弥陀経』等は、*浄土門において、お釈迦さまがこの世にお出ましになった真の目的としてお説きになった経典としているものです。『*法華経』は、*聖道門において、お釈迦さまがこの世にお出ましになった真の目的としてお説きになった経典としているものです。そもそも両者のめざすところは異なるのですから、(「念仏を称えるだけで、命尽きた後すみやかに往生が叶うはずなどない」などといった)疑いをかけるには及ばないのです。

阿弥陀経等は浄土門の出世の本懐なり。法華経は聖道門の出世の本懐なり云云。望むところはことなり、疑うに足らざるものなり。

【十七條御法語・昭法全四六八】

24

浄土宗の立場では、仏教を聖道門と浄土門の二つに分け、そこにお釈迦さまが生涯に説かれた教えすべてを収めるのです。聖道門とは、この娑婆世界にいながらこの身このままでさとりを得る教えです。己の力で煩悩を断じ、輪廻を断ち切る教えですから、私たち凡夫が修行するには困難極まりありません。それに対して浄土門は、極楽浄土に往生し、そこでさとりを得る教えです。阿弥陀さまのお力にあずかって煩悩を断じ、浄土に往生するという教えですから、私たち凡夫にもたいへん修めやすいのです。なぜならば、その行（称名念仏）こそ、ひとえに私たち凡夫を救おうと阿弥陀さまが教えてくださった本願の行であるからです。

総じて浄土宗の教えとは、五種の説き手のなかでは仏の説であり、四種の仏土のなかでは報土を説き、三種の仏身のなかでは第二の報身を説き、三宝のなかでは仏宝であり、声聞乗・縁覚乗・菩薩乗・仏乗の四種のなかでは仏になるための教えである仏乗であり、漸・頓二教のなかでは速やかに覚りを得る頓教であり、菩薩蔵・声聞蔵のなかでは大乗の教えである菩薩蔵であり、正雑二行のなかでは正行を修めるのであり、横竪二超の教えのなかでは迷いの世界をすぐさま飛び越える横超であり、有縁無縁のなかでは阿弥陀さまと私たちとの縁が深い有縁の行であり、止住（留まる）・滅尽（滅びる）の二住のなかでは法滅の世になってもなお止まり続ける止住の教えであり、思義・不思議の教えのなかでは、私たちの思議を超えた不思議の教えなのです。

> 浄土宗のこころは、聖道・浄土の二門をたてて、一代の諸教をおさむ。聖道門というは、娑婆の得道なり、自力断惑出離生死の教なるがゆえに、凡夫のために修しがたし、行じがたし。浄土門というは、極楽の得道なり、他力断惑往生浄土門なるがゆえに、凡夫のためには、修しやすく行じやすし。その行というは、ひとえに凡夫のために、おしえたもうところの願行なるがゆえなり。総じてこれをいえば、五説の中には仏説なり、四土の中には報土なり、三身の中には二身なり、三宝の中には仏宝なり、四乗の中には仏乗なり、二教の中には頓教なり、二蔵の中には菩薩蔵なり、二行の中には正行なり、二超の中には横超なり、二縁の中には有縁の行なり、二住の

中には止住なり、思不思の中には不思議なり。【浄土宗大意・昭法全四七二】

25

*道綽禅師が『安楽集』に、*聖道門・*浄土門の二つの教えをお説きになられたのは、まさに浄土の教えを伝えようとの御心にほかなりません。そのうち、聖道門とは、この穢れた娑婆世界にいながら煩悩を断じてさとりを開く教えです。浄土門とは、まず阿弥陀さまの浄土に往生して、そこで煩悩を断じてさとりを開く教えです。

道綽禅師の❶安楽集にも、聖道・浄土の二門をたて給うは、この心なり。その聖道門というは、穢土にして煩悩を断じて菩提にいたるなり。浄土門というは、浄土にうまれて、かしこにして煩悩を断じて菩提にいたるなり。【登山状・昭法全四二〇】

❶『安楽集』浄全一・六九三上

無智の自覚を大切にすることについて。

そもそも、*聖道門とは*智慧を究めることによって*輪廻を断ち切る教えであり、*浄土門とはものの道理に暗い愚かな身であると自覚して極楽浄土に生まれる教えです。ですから、聖道門を歩むならば、*智慧を磨き、戒律を守り、心の本性を浄めることをその旨とします。しかしながら、浄土門を歩むのであれば、智慧をたよりにせずとも、戒律が守れなくとも、ことさらに心身を整えなくとも、ただただ取るに足らない愚か者であると自覚して、阿弥陀さまの*本願にすがって往生を願うのです。（中略）私（源空）が念仏を称えるのも、一文字も知らないような人々と同じ心もちで称えるのであって、これまで修め学んできたことなど、ほんの少しもたよりにしておりません。

無智を本となす事。

凡そ、聖道門は智恵を極めて生死を離れ、浄土門は愚癡に還りて極楽に生ず。所以は、聖道門に趣く時、智恵を瑩き禁戒を守り、心性を浄むるを以て宗となす。然るを浄土門に入る日、智恵をも憑まず、戒行をも護らず、心器をも調えず、只々甲斐無く無智者と成ならば、本願を憑みて往生を願うなり。（中略）源空が念仏申すも一文不通の男女に齊しうして申すぞ、全く年来修学したる智恵をば一分も憑まざるなり。

【三心料簡および御法語・昭法全四五一】

（↓類似法語・③14参照）

26-2

*聖道門の修行は、*智慧をきわめて*生死をはなれ、*浄土門の修行は、愚癡にかえりて極楽にうまる。

【浄土宗大意・昭法全四七三】

（↓類似法語・③14参照）

27

*聖道門各宗の教理が奥深いのに対して、衆生の理解力ははなはだ微々たるものですから、さとりを得るのは実に難しいものです。これは、お釈迦さまの時代から長い時が経ち、人も愚かになり果て、さとりを目指そうにも修行者の資質とその教えとが噛み合わず、その修行に人々が耐えられないからです。その故に、人々は永い間、苦しみの海とも喩うべき迷いの世界に沈み込み、今なお*涅槃というさとりの岸辺に辿り着けておりません。それに対して*浄土門の教

えは理解しやすく、その行も修め易いものですから、迷いの世界を脱するには最も速やかな行なのです。

愚かで物わかりの鈍い、*智慧（ちえ）の至らぬ者であっても阿弥陀さまはお見捨てにならないのですから、凡庸（ぼんよう）な者であればなおさら浄土門の行に励むべきです。戒も守れず、また重い罪を犯してしまった人であっても、阿弥陀さまが分け隔てることなどないのですから、*悪人であっても極楽往生が叶うのです。

お念仏は歩いていても、止まっていても、座っていても、横になっていても、お称（とな）えできるのですから、絶えることなく常に称え続け、またいかなる時や場所、状況であっても差し支えはないものですから、たとえどのように心が散り乱れていようともお称えするべきです。お念仏は往生を願ってお称えするものですが、悪事を犯さないという視点からいえば、三段階の懺悔（さんげ）のお念仏が認められることになりましょう。それはすなわち、罪を犯した後、速やかに、もしくはしばらくたってから、あるいはその日のうちにお念仏を称えて懺悔するのです。また、善行を修めるという視点からいえば、お念仏は、わずか一遍や十遍称えるだけでも往生が叶うほどの善根（ぜんごん）を積むこととなりましょう。

*聖道の諸宗は理ふかく解微にして証を得ること甚だ難し。此則ち世くだり人愚かにして機教相違すれば其の修行に堪えず。ながく苦海に沈倫していまだ涅槃の岸に到らず。*浄土の一門は解し易く行じ易ければ得脱最速なり。愚鈍下智を捨てざれば庸学なお勇あり。破戒重罪を簡ばざれば*悪人なお生まる。行住坐臥を別けざれば念念に常に行じ、時処諸縁を論ぜざれば散乱猶唱う。其の止悪をいえば❶念時日の三懺悔を許せり。其の修善をいえば一念十念猶生まる。

【大原問答時説法の御詞　其二・昭法全四七四】

❶『往生礼讃』浄全四・三五五下

第三節　わが道、浄土門

28

（仏教各宗の教えは、いずれも尊いものではありますが）私、源空のような物わかりの鈍い愚か者は、到底その教えに適う器ではありません。かつて私が仏道を志してから、*輪廻を断ち切る方法を*聖道門各宗の教えに尋ねてはみましたが、どれもこれも修め難いものばかりでした。これは、お釈迦さまの時代から長い時を経て、人も愚かになって、さとりを目指そうにもその教えと修行者の資質が噛み合わなくなったからなのです。こうした聖道門の教えではなく、*智慧のあるなしを論ずることなく、戒律を守れる人守れない人を選ぶことなく、時代と人の資質にふさわしく、命終の後、速やかに往生してこの*生死の迷いの世界を離れることのできる妙なる教えは、往生浄土の教えただ一つであり、お念仏の修行ただ一つなのです。

> 源空がごとき頑魯の類いは、更に其の器にあらず。然る間源空発心の後、聖道門の諸宗に付きてひろく出離の道をとぶろうに、彼も難く是も難し。是則ち代下り人おろかにして機教背ける故なり。此の外有智無智を論ぜず、持戒破戒を選ばず、時機相応して*順次に生死を離るべき要法は、只これ*浄土の一門、念仏の一行なり。
>
> 【大原問答時説法の御詞　其一・昭法全四七三】

29

そもそも後の世を願う者の中には「西方極楽は劣った浄土であり、阿弥陀仏は劣った仏であって、希うべきは大日如来の*密厳浄土や、毘盧舎那仏の蓮華蔵世界などである」と言って、心をそのような仏の世界に向ける人などおりましょうか。（もし、そうした考えを持っている人がいるとしたら）それははなはだ身の程知らずなことです。密厳浄土や蓮華蔵世界などは煩悩を断じ切った境地にある*菩薩以外、誰も立ち入ることは叶いません。

そもそも後世者の中に、極楽はあさく、弥陀はくだれり、期するところ密厳・華蔵等の世界なりと、こころをかくる人もはべるにや、それははなはだおおけなし。かの土は断無明の菩薩のほかはいることなし。

【念仏大意・昭法全四〇七】

30

この念仏門の教えを説くことについては、決して他意はありません。後の世を思い患う人たちは、たいした根拠もない間違った考えに心が向かい、時勢や身の程を省みることなく、*雑行を修めてしまいます。千載一遇の幸運のもと、生まれ難い人の世にこのいのちを授かり、そればかりかさらに千載一遇の幸運のもとに遭い難い阿弥陀さまのお誓いに出会ったというにもかかわらず、それを捨て去り、地獄・餓鬼・畜生という迷いの故郷にふたたび舞い戻り、生き死にを繰り返す世界に輪廻して、百千劫という限りない時間を幾度も経巡ってしまう悲しさを思い知るであろう人の身の上を案じて申し上げているのです。

この念仏門は、返す返すもまた他心なく、後世をおもわんともがらの、よしなきひがいんにおもむきて、時をも身をもはからず、雑行を修して、このたびたまたまありがたき人界にうまれて、さばかりあいがたかるべき弥陀のちかいをすてて、また三途の旧里にかえりて、生死に輪転して、多百千劫をへんかなしさを、おもいしらん人の身のためを申すなり。

【念仏大意・昭法全四一五】

31

あなたが取り組んでいるのは、多少の異なりがあるとはいえ、いずれもさとりを目指してこの穢れた世界で修める行であり、それが聖道門の目指すところです。私たちが修めるのは、正行と雑行の異なりがあるとはいえ、いずれも極楽浄土への往生を願う行であり、これは浄土門の目指すところです。聖道門はあなたにとって縁の深い行、浄土門は私たちにとって縁の深い行なのです。ですから、浄土門の立場から聖道門を非難したり、聖道門の立場から浄土門を非難してはなりません。

31-2

汝が執するところは大小ことなりといえども、みな仏果を期する穢土の修行、聖道門の心なり。われらが修するところは、正雑不同なれども、ともに極楽をねごう往生の行業は浄土門の心なり。聖道門はこれ汝が有縁の行、浄土門というはわれらが有縁の行、これをもってかれを難ずべからず、かれをもってこれを難ずべからず。【三心義・昭法全四五六】

汝等が執する所大小異なりと雖も、同じく仏果を期す、穢土の修行は聖道の意なり。我等が修する所の正雑同じからずとも、共に極楽を忻う往生の行業は浄土門の意なり。聖道は是汝が有縁の行なり、浄土門は我が有縁の行なり。此を以て彼を難ずべからず、彼を以て此を難ずべからず。

【十七條御法語・昭法全四七二】

32

他宗の方で、浄土宗の教えに帰依しようと志すのであれば、それまで属していた宗の教えを捨てるべきです。なぜかといえば、聖道門の教えと浄土門の教えとはまったく別のものだからです。

余宗の人、浄土宗にそのこころざしあらんものは、かならず本宗の意を棄つべきなり。そのゆえは、聖道・浄土の宗義各別なるゆえなり。

【十七條御法語・昭法全四七二】

33

救いの対象について。

京都大原の勝林院で、さまざまな宗の高僧と浄土宗の教えについて広く議論した時は、教理についての議論は互角でしたが、人間観においては私（源空）が勝っていました。「聖道門は奥深い教えであるけれども、この末法の世に生き

34

る我々にはとても適うものではありません。*浄土門の教えは浅いようではありますが、今時の人々には適いやすいものです」と申し上げたところ、皆納得されました。


定機の事。

浄土宗を大原に弘し、談論せん時に、法門比べに牛角の論にて事切れず、機根比べてんには源空勝ちたりしなり。聖道門は法門は深しと雖も、今の機には叶わず、浄土門は浅きに似たれども、今の根には叶い易しと云いし時、人皆承伏しき。

【三心料簡および御法語・昭法全四五二】

(↓類似法語・③21参照)


(まず*道綽禅師のお立場では)*聖道門のさまざまな行はみな、*声聞・*縁覚・*菩薩・仏という四種の聖者のいずれかになるために修めるもので、ついにはそのいずれかになれるとするものです。ですから、(阿弥陀さまの*本願の力におまかせして極楽浄土へ往生しそこでさとりを目指す)*浄土門におけるお念仏とは、そもそも比較の対象にはならないのです。

（次に善導大師のお立場では）その浄土門にもお念仏以外のさまざまな行がありますが、お念仏とそれらの行を比較してみますと、それらはお念仏と違って阿弥陀さまのご本願に適ってはおりませんので、その光明に救い取られることもありませんし、それらをお釈迦さまは私たちにお授けになってはいないのです。この点について善導大師は、往生行という立場で「まったく比較の対象にならない」とおっしゃっているのです。

ですから、道綽禅師と善導大師がおっしゃっていることは、意図するところに違いはないのです。それぞれのお立場をよくよく見極めて捉えるべきです。聖道門と浄土門とでは言葉こそ異なりますが、お念仏以外の諸行そのものに異なりはありません。お二人の意図されたところを心得るべきなのです。

> 聖道門の諸行は、皆四乗の因を修して四乗の果を得。故に念仏に比校するに及ばず。❶浄土門の諸行は、是念仏に比校するの時、弥陀の本願にあらず、光明之を摂取せず、釈尊付属せず。故に全く比校にあらずと云うなりと。然るに、道綽・善導の宗義は、異ならず、よくよく一々に分別して之を知

35

るべし。聖道・浄土二門異なりと雖も、行体は是一なり、義の意、知るべし。

【一期物語・昭法全四四七】（↓類似法語・③264参照）

❶『観経疏』定善義巻第三　浄全二・四九上／聖典二・一〇五

*善導大師の『観経疏』定善義に示されている「念仏以外のさまざまな行を善と名づけはするものの、仮にそれらと念仏とを比べると、まったく比較にならない」ということについて。

さまざまな行とお念仏を比較するとき、「お念仏は勝れ、他の行は劣っている」というならば、いよいよ論争が止むことはないでしょう。ただ「お念仏は、阿弥陀さまが*本願に誓われた行であり、他の行は本願に誓われていない行である」という観点で見れば、深遠で妙なる*真言*密教や*『法華経』で説かれる行も、まったく比較の枠を超えてしまいます。このことをよく心得た上で、お念仏と諸行との比較について論ずるべきです。

定善の中に、❶自余の衆行、是を善と名づくと雖も、若し念仏に比すれば、全く比校にあらざるなり、と云う事。

諸行と念仏と比校する時に、念仏は勝、余行は劣なりと云えば、いよいよ諍論絶えざる事なり。只念仏は本願の行なり。諸善は非本願の行なりと云う時、真言・法華等の甚深微妙の行も、全く比校にあらざるなり。此の旨を存じて比校の義をば云うべきなり。

【三心料簡および御法語・昭法全四四九】

❶前出に同じ

36

ある人が「*善導大師のお考えによれば『*聖道門の教えは仮の教えである』ということですが、それは何に書いてあるのでしょうか」と尋ねました。これに対し法然上人は「善導大師の『法事讃』に『如来は*五濁の悪しき時代に現れ、一人ひとりの縁にしたがいながら、そのときどきのもっともふさわしい方法で衆生を救う。時には多くの法門を聞いてさとりが開けると説き、ある時には、わずかな知識で宿命通(しゅくみょうつう)、*天眼通(てんげんつう)、漏尽通(ろじんずう)の三種の*神通力(じんずうりき)が体得できると説き、ある時には、善行(ぜんぎょう)と*智慧(ちえ)が相まって煩悩(ぼんのう)の障りを除くことができると教え、ある時には、心静かに座禅をして精神を研(と)ぎ澄ませよと教えるのである。このようなさまざまな教えによってもさとりを開くことはできるが、念仏して西方極楽浄土(さいほうごくらくじょうど)へ往生するに勝ることはない』とあるのがそれです」とお答えになりました。

するとその人は、不審に思ってまた尋ねました。「さまざまな教えでもさとりを開くことはできる、と言っているのに、どうしてこの文章によって、聖道門は念仏往生の教えに導くための仮の教えであると理解できるのでしょうか」と。

そこで上人は「最初に『一人ひとりの縁にしたがいながら、そのときどきのもっともふさしい方法で衆生を救う』と言い、次に『さまざまな教えによってもさとりを開くことはできる』としながらも、最後になって『念仏して西方極楽浄土へ往生するに勝ることはない』とおっしゃっています。これらのことから、念仏往生の教え以外は皆、それに導くための仮の教えであると、明らかに知ることができるのです」とお答えになりました。

或る人、問うて曰わく、善導和尚の意は、聖道の教を以て方便教となすと、出て何れの文に在りや。師、答えて曰わく、法事讃に云わく、❶如来、五濁に出現して随宜方便して群萌を化す。あるいは多聞にして得度すと説き、或いは少解をもって＊三明を証すと説き、或いは福恵双に障りを除くと教え、或いは禅念し坐して思量せよと教ゆ。種種の法門皆解脱すれども、念仏して西方に往くに過ぎたるは無し、と。已上。是なり。難じて曰わく。已に種種の法門皆解脱すと言う、何ぞ此の文を以て方便の証拠となさんや。答えて曰わく、上に随宜方便して群萌を化すと云い、次に種種の法門皆解脱すと云い、下に至りて念仏して西方に往くに過ぎたるは無しと云う。明らかに知んぬ、念仏往生の外、皆方便の説となすことを。

【一期物語・昭法全四四八】

❶『法事讃』巻下浄全四・二五上

第三章　阿弥陀仏の救い

37

第一節　阿弥陀仏の誓い

『無量寿経』に「もし、私（*法蔵菩薩）が仏となった時、あらゆる世界の衆生が、嘘偽りなく心の奥底からわが浄土に往生したいと願いわずか十念であったとしても、もし往生が叶わなければ、私は仏とならない。ただし、*五逆を犯した者と仏の教えを謗る者を除く」と記されています。*善導大師は、その文を『もし、私が仏となった時、あらゆる世界の衆生が、我が名を称えることとわずか十遍であったとしても、もしもそれで往生が叶わなければ、私は仏とならない』と解釈され、その上で阿弥陀仏は、今、現に極楽浄土にいらっしゃって仏となられている。だから、阿弥陀仏がかつて誓われた尊い*本願は虚しいものではないことを、まさに知らねばならない。衆生が念仏を称えれば必ず往生が叶うのである」とおっしゃいました。

また『観無量寿経』には、定善と散善が示された後、「釈尊は阿難に次のように告げられた。『汝は、しっかりとこの言葉を忘れることなく、後の世に伝えねばならない。この言葉を忘れずに後の世に伝えるとは、すなわち阿弥陀仏の名号を忘れることなく後の世に伝えるということである』とあります。こうしたお示しの意図はすなわち、先に述べた阿弥陀仏の弘願を示そうとしているのです。

大経に云わく、❶もし我れ仏を得たらんに、十方の衆生、至心に信楽して、我が国に生ぜんと欲して、乃至十念せんに、もし生ぜずんば、正覚を取らじ。ただ五逆と誹謗正法とを除く、といえり。善導釈していわく、❷もし我れ成仏せんに、十方の衆生、我が名号を称して、下十声に至るまで、もし生ぜずんば、正覚を取らじと。彼の仏、今現に世に在して成仏したまえり。まさに知るべし、本誓の重願虚しからず、衆生称念すれば、必ず往生することを得。云云。観経の定散両門をときおわりて、❸仏、阿難に告げたまわく、汝好く是の語を持せよ、是の語を持せよとは、即ち是無量寿仏の名を持せよとなり。云云。これすなわちさきの弘願の心なり。

【登山状・昭法全四二二】

❶『無量寿経』巻上　浄全一・七／聖典一・二八

『般舟三昧経』に「跋陀和菩薩が阿弥陀仏に『どのような行を修めれば阿弥陀仏の極楽浄土に往生できましょうか』と尋ねた。すると阿弥陀仏は『我が極楽浄土に往生しようと願う者は、常に我が名号を称えて休むことがあってはならない。そうすれば我が極楽浄土に往生することが叶うであろう』とおおせになった」と説かれています。これもまた、*弘願について阿弥陀仏自らがお示しになられたのです。

般舟三昧経にいわく、❶跋陀和菩薩、阿弥陀にといていわく、いかなる法を行じてか、かのくににうまるべきと。阿弥陀ほとけの給わく、わがくにに来生せんとおもわんものは、つねに我が名を念じてやすむ事なかれ。かくのごとくしてわがくにに来生する事をうとの給えり。これ又弘願のむねを、かのほとけ身ずからの給えり。

【登山状・昭法全四二三】

❷『往生礼讃』浄全四・三七六上
❸『観無量寿経』浄全一・五一／聖典一・一九三

❶『般舟三昧経』正蔵一三・八九九上（趣意）

39

*善導大師は『観経疏』玄義分のなかで「*弘願とは『無量寿経』に説かれる通りである。善人も*悪人もすべての*凡夫が浄土に往生が叶うというのは、皆、阿弥陀仏の大いなる誓願、すなわち弘願の力に乗じ、増上縁の働きが加わってこそである」と解釈されています。私ごとき、厳しい修行に堪えられない者は、ただひたすらにこの弘願を頼りとするのです。

❶弘願といえるは、大経に説くが如く、一切善悪の凡夫の生ずることを得とは、皆阿弥陀仏の大願業力に乗じて増上縁となさざるはなし、と善導釈し給えり。予がごときの不堪の身は、ひとえにただ弘願をたのむなり。
【つねに仰せられける御詞・昭法全四九三】

❶『観経疏』玄義分第一　浄全二・二下／聖典二・六

40

*善導大師は『観経疏』玄義分に「『観無量寿経』で説く釈尊の教えの肝要は、定善と散善との二つである。定善とは思いを乱さず心を凝らすことであり、散善とは悪行を止めて善行を修めることである。この経に示されている阿弥陀仏の*弘願とは『無量寿経』に『(念仏を称えれば)善人でも*悪人でも、あらゆる*凡夫の浄土往生が叶う』と説かれている通りである」とお示しになっています。定善にしろ散善にしろ、私のような愚か者には、その教えを行ずることは到底堪えられません。ですからひたすら阿弥陀さまのこの誓願を頼りとしているのです。

玄義に❶釈迦の要門は、定散二善なり。定とは息慮凝心なり。散とは廃悪修善なり。弘願とは大経に説くが如く、一切善悪の凡夫生ずることを得といえり。予がごときは、さきの要門にたえず、よってひとえに弘願を憑むなり。

【十七條御法語・昭法全四六九】

❶『観経疏』玄義分巻第一　浄全二・二上／聖典二・五

41

ある人が「悪を止め善を修めようと常に心がけてお念仏するのと、常にご*本願を仰ぎながらお念仏するのとでは、どちらが勝れているでしょうか」と尋ねました。上人は「悪を止め善を修めることは、あらゆる仏さまが等しく戒めた教えではありますが、今の世の私たちは、皆、これに背いてしまっています。この私たちのために阿弥陀さまが発された誓願の救いに、仮にあずかれないとしたならば、この*生死の迷いの世界を離れ出るのは難しい私たちではないでしょうか」とお答えになりました。

或る人、問うて云わく、常に廃悪修善の旨を存じて念仏せんと、常に本願の旨を思いて念仏すると、何れか勝れたるや。答う。廃悪修善は是諸仏の通戒なりと雖も、当世の我等は悉く違背せり。若し別意弘願に乗ぜずんば生死を出で難き者か。

【一期物語・昭法全四四七】

（→類似法語・③34、264参照）

＊十善さえしっかりとたもち得ることもできないのに、＊忉利天や＊都率天に生まれようと願ったとしても、叶うことははなはだ難しいでしょう。それにひきかえ極楽への往生は、たとえ＊五逆という重い罪を犯した者でもお念仏を称えれば叶うのです。まして、＊十悪の罪ならば、往生の障害とはなりません。また、弥勒仏がこの世に現れ出るのをお待ちしようにも、今から五十六億七千万年という遙か先のことです。また、西方極楽浄土以外のお浄土の仏さま方は、阿弥陀さまのような尊い＊本願を建てられてはいませんし、極楽浄土には阿弥陀さまの本願のお力がはなはだ深く込められています。それなのになぜ、後生に他の天界や西方極楽以外の浄土に生まれることを願う必要などありましょうか。

十善かたくたもたずして、忉利都率をねがわん事、きわめてかないがたし。極楽は五逆のもの念仏によりてうまる。いわんや十悪におきては、さわりとなるべからず。また慈尊の出世を期せんにも、五十六億七千万歳、いとまちどおなり。いまだしらず、他方の浄土そのところどころにはかくのごときの本願なし、極楽はもはら弥陀の願力はなはだふかし。なんぞほかをもとむべき。

【念仏大意・昭法全四一二】

43

中国の「高僧伝」に登場する雄俊という人は、七度も出家しながらそのつど戒律を捨て還俗した悪人です。その雄俊が命尽きてから、地獄の鬼が彼を閻魔大王の法廷に引き連れ、「人間世界の最たる悪人、七度も還俗した雄俊を連れて参りました」と大王に告げました。

そこで雄俊は、「生前私が『観無量寿経』を拝読したところでは、『五逆を犯した罪人でさえ、阿弥陀さまのお名号を称えたならば極楽浄土に往生が叶う』としっかりと説かれていました。私は七度も出家と還俗を繰り返したとはいえ、これまで五逆というような大罪を犯したわけではありません。たとえ積んできた善行が少ないといっても、お念仏なら十遍以上称えてまいりました。私、雄俊が、もしも地獄に墜ちたならば、過去・現在・未来にわたる多くの仏さまが虚言を弄した罪を犯されることとなるでしょう！」と大声で叫びました。すると、閻魔大王はその道理の前に屈服し、ついには宝石を散りばめた冠を傾けて彼を拝し、阿弥陀さまはその本願の誓いのままに、金の蓮台に彼を乗せ、お浄土へとお迎えになられたのでした。

こんな雄俊でさえ往生したのですから、ましてや還俗すること七度に及ばない者、ましてや一生涯お念仏を称えてきた者に往生の叶わぬことなどあろうはずがありません。「お念仏は、男性、女性、身分の高い者やそうでない者、歩いていても止まっていても、座っていても横になっていても人のありようを選ぶことなどない。また、時や場所、さまざまな状況に左右されることもない。お念仏を称えるに難しいことなどない。これから臨終に至るまで往生を願い求めるに、お念仏はその頼りとなった」と先徳 恵心僧都源信さまが書き残されたことは、まさに真実のことでありましょう。

❶かの釈の雄俊といいし人は、七度還俗の悪人なり。いのちおわりてのち、獄卒、閻魔の庁庭にいでゆきて、南閻浮堤第一の悪人七度還俗の雄俊いでまいりてはんべりと申しければ、雄俊申していわく、われ在生の時、観無量寿経を見しかば、❷五逆の罪人阿弥陀ほとけの名号をとなえて、極楽に往生すとまさしくとかれたり。われ七度還俗すといえども、いまだ五逆をばつくらず、善根すくなしといえども、念仏十声にすぎたり。雄俊もし地獄におちば三世諸仏妄語のつみにおち給うべしと、高声にさけびしかば、法

王は理におれて、たまのかぶりをかたぶけてこれをおがみ、弥陀はちかいによりて金蓮にのせてむかえ給いき。いわんや七度還俗におよばざらんをや、いわんや一形念仏せんをや。❸男女貴賤、行住坐臥をえらばず、時処諸縁を論ぜず、これを修するにかたからず、乃至臨終に往生を願求するに、そのたよりをえたりと、楞厳の先徳のかきおき給える、ま事なるかなや。

【登山状・昭法全四二二】

❶『宋高僧伝』正蔵五〇・八六五下
❷『観無量寿経』浄全一・五〇／一・一九〇
❸『往生要集』巻下本　大文第八念仏証拠　浄全一五・一二八下

44

*善導大師は『観無量寿経』を解釈されて「娑婆世界で仏教を説かれた釈尊は、韋提希夫人の懇願に依って、*浄土往生のための肝要な教えを広く開き示し、極楽浄土で教えを説かれている阿弥陀仏は、衆生を救うため、別願として念仏往生願を中心とした四十八の誓願をお示しになった。その肝要な教えとは、すなわちこの『観無量寿経』に説かれる定善・散善の二つの教えである。定善と

はすなわち散り乱れる心を抑え仏の世界に思いを凝らすことであり、散善とはすなわち悪事を止め善行を修めることである。この定善と散善の二つの行いの功徳を振り向け往生を願い求めるのである。念仏往生願とは『無量寿経』に説かれている通りである。善人も悪人もあらゆる凡夫の往生が叶うのは、すべて阿弥陀仏の大いなる本願のお力に乗せていただくからであって、阿弥陀仏の増上縁のお力が働かないことなどあり得ない。

また、釈尊の計らいは人智を超えた広く深いものであって、その説かれた経文は理解し難い。三賢や十聖といった高い位にある菩薩でさえ、推し量ろうにも伺い知るところではない。ましてや、私どもは、十信の位にも至らぬ信心のおぼつかない愚かな凡夫であるから、どうしてその深い御心を知ることなどできようか。よくよく考えてみるに、釈尊はこの娑婆世界にあって、衆生に念仏を勧めて浄土へと送り出し、阿弥陀仏はかの極楽浄土から念仏する衆生を迎えにきてくださるのである。娑婆の釈尊は送り出し、浄土の阿弥陀仏は呼びかけ続けている。どうしてこの娑婆世界を立ち去らないなどということがあり得ようか」とおっしゃっています。ですから、善導大師は定善・散善・弘願の三門を立てられたのです。

善導和尚この観経を釈しての給わく、❶娑婆の化主その請によるがゆえに、ひろく浄土の要門をひらき、安楽の能人は別意の弘願をあらわす。その要門といは、すなわちこの観経の定散二門これなり。定はすなわちおもいをやめてもって心をこらし、散はすなわち悪を廃して善を修す、この二行をめぐらして往生をもとめねごうなり。弘願といは大経にとくがごとし。一切善悪の凡夫のうまるる事をうるもの、みな阿弥陀仏の大願業力に乗じて増上縁とせずという事なし。又ほとけの密意弘深にして、教文さとりがたし。三賢十聖もはかりてうかごうところにあらず、いわんやわれ*信外の軽毛なり、さらに旨趣をしらんや。あおいでおもん見れば、釈迦はこの方にして発遣し、弥陀はかのくにより来迎し給う。ここにやりかしこによばう、あにさらざるべけんやといえり。しかれば定善散善弘願の三門をたて給えり。

【登山状・昭法全四二二】

❶『観経疏』玄義分第一　浄全二・二上／聖典二・五

*末法の世に生きる衆生が極楽往生を遂げるには、もっぱらお念仏すべきであることについては多くのお示しがありますが、とりわけ『阿弥陀経』においては、あらゆる世界の多くの仏さまが念仏往生の真実なることを証明されています。また、『観経疏』第三定善義の中で*善導大師は❶「念仏以外の諸行も善行と名づけることができるにしても、念仏とはまったく比較にならない。だからこそさまざまな経典のそこここに、広く念仏の*功徳が誉め讃えられているのである。例えば『無量寿経』に説かれる四十八願の中に、ただ阿弥陀仏の名号をひたすらに称えれば往生が叶うと明らかにされている。また、『阿弥陀経』に、たとえ一日や七日の間であったとしても阿弥陀仏の名号を称える者は極楽に往生し、あらゆる世界の、それこそガンジス河の砂の数ほど多くの仏が念仏往生の真実であることを証明されている。またこの『観無量寿経』の定善や散善を明かす文の中に、ただ阿弥陀仏の名号をひたすらに称えて極楽に往生することが証明されている。こうした例は一つではない。以上、広く念仏を専ら称えることを明かしてきた」とおっしゃっています。

末代の衆生、念仏をもはらにすべき事、其の釈おおかる中に、かつは*十方*恒沙の諸仏証誠したもう。また観経の疏の第三に善導云わく、❶自余の衆行も是善と名づくと雖も、若し念仏に比すれば、全く比校にあらず。是の故に諸経の中、処処に広く念仏の功能を讃ず、無量寿経の四十八願の中の如き、唯専ら弥陀の名号を念じて生ずることを得ることを明かす。又弥陀経の中の如き、一日七日専ら弥陀の名号を念じて生ずることを得。又十方恒沙の諸仏、不虚を証誠したもう。又此の経中の定散の文の中に、唯名号を念じて生ずることを得ることを標す、此の例一にあらざるなり。広く*念仏三昧を顕し竟んぬとあり。

【念仏大意・昭法全四〇七】

❶『観経疏』定善義巻第三　浄全二・四九上／聖典二・一〇五

いまだ煩悩を断ち切れずにいる*凡夫が、そのまますぐに往生できるというわけではありません。しかし、だからこそ阿弥陀さまが今、現にお浄土を荘厳し、仏道を成就されているのです。というのも、凡夫はそもそも悪業をはたらく不善の輩、止めどなく*輪廻転生する身と哀れんで救い導いてくださり、また戒めも守れない智慧の浅い者が輪廻の迷いの世界から離れ出る機会などないと哀れんでのことなのです。

もし、三賢という高い境地を体験し、さらに十地という尊い境地を究めた、長い期間修行を重ねた聖者・極めて高い境地に達した菩薩が、すべて完成すれば万行にも値する六つの行を成就し、それのみならず他にもろもろの行を修めて、初めてお浄土に生まれるというのであれば、これは阿弥陀さまの大いなる慈悲の御心にはそぐいません。阿弥陀さまは、このように修行を重ねて仏になるというなかで、「それでは修行もままならない衆生を救うにはどうしたらよいか」と大いなる慈悲の御心を思い巡らすうちに、年月は流れ、気がつけば五劫という途方もなく長い時間が過ぎ去っていました。

しかしながらそこで、この上なく巧みな手だてを駆使して、さらに次のように思いを巡らされました。「我は別願を建てて浄土を建立し、何の取り柄もなくもがき苦しんでいる衆生を、必ずや救い導こう。そうはいっても、愚かな衆生が浄土に往生することなど出来ようはずもない。だからこそ、我はそうした衆生のために永きにわたって修行を重ね、苦行を積んで、あらゆる修行、あらゆる善行の功徳をまっとうし、自らさとり他をさとらしめる仏道を究めたならば、この身に具わった完全無欠の全ての功徳を、我が名号に込め、これを衆生に称えさせよう。もし衆生が信心を発して、このとおりに我が名号を称えれば、我が誓願に応じて往生することができよう。そのわけは、衆生が我が名号を称えれば浄土に往生するとの別願を建て、その願が達成されたならば、我は仏となると誓うからなのだ。この願が達成されないなら、たとえどんなに永い修行を経たとしても、我は仏となるまい」と。

未断惑の凡夫は、ただちにうまるる事あたわず。しかるをいま浄土を荘厳し仏道を修行するは、凡位はもと造悪不善のともがらなり。輪転きわまりなからんを引導し、破戒浅智のやからの出離の期なからんをあわれまんがためなり。もしその三賢を証し、十地をきわめたる久行の聖人、深位の菩薩の*六度万行を具足し、諸*波羅蜜を修行してうまるるといわば、これ大悲の本意にあらず。この*修因感果のことわりを、大慈大悲の御心のうちに思惟して、年序空につもりて、星霜五劫におよべり。しかるを善巧方便をめぐらして、思惟し給えり。しかもわれ別願をもって浄土に居して、*薄地底下の衆生を引導すべし、その衆生の業力によりて、うまるるというはかたかるべし。われすべからく衆生のために永劫の修行をおくり、僧祇の苦行をめぐらして万行万善の果徳円満し、自覚覚他の覚行窮満して、その成就せんところの、万徳無漏の一切の功徳をもって、われ名号として、衆生にとなえしめん。衆生もしこれにおいて、信をいたして称念せば、わが願にこたえてうまるる事をうべし。名号を唱えばうまるべき別願をおこして、その願成就せば、仏になるべきがゆえなり。この願もし満足せずば、永劫を経ともわれ正覚をとらじ。【登山状・昭法全四二七】

47

阿弥陀さまの四十八願とは、極楽には*地獄・餓鬼・畜生という*三悪道の境界がないようにとの第一*無三悪趣の願、往生した人が再び三悪道に堕ちないようにとの第二不更悪趣の願、以下、念仏を称える者は必ず往生できるとの第*十八念仏往生の願などです。これら四十八願のすべてにわたって、どれ一つとして達成されていない誓願などありましょうか。（なぜなら）一つ一つの願について、「それが果たせないうちは仏とはなるまい」とお誓いになり、今、現に仏となられているからです。

そうであるにもかかわらず無三悪趣の願を信じずに「極楽には三悪道がある」などと言う人は、いようはずもありません。不更悪趣の願を信じずに「極楽に往生した人が命尽きた後、再び三悪道に堕ちるのだ」などと言う人もいようはずもありません。往生した人を皆、金色にしようとの第三悉皆金色(しっかいこんじき)の願を信じないままに「往生した人には金色の人もいれば白い人もいる」などと言う人もいようはずがありません。往生した人の容貌によしあしがないようにしようとの第四無有好醜(むうこうしゅう)の願を信じずに「往生した人には容貌のよしあしがある」などと言う人もいようはずがありません。以下、第六*天眼智通(てんげんちつう)の願、第七*天耳智通(てんにちつう)の願、第十二*光明無量(こうみょうむりょう)の願、第十三*寿命無量(じゅみょうむりょう)の願ないし第四十八*得三法忍(とくさんぼうにん)の願にいたるまで、これらの願に疑いを持つ人はいまだにおりますまい。ただ、第十八念仏往生の願一つだけを信じない人がいるのです。

この*第十八願を疑うならば、他の四十七の願も信じることはできません。逆に、他の四十七の願を信じるのであれば、この第十八願一つだけを疑うことなどできますまい。*法蔵菩薩(ほうぞうぼさつ)はいまだ仏になられていない、などと言うことは、お釈迦さまの教えを誹(そし)っていることになるのではないでしょうか。また、もし仏となられたというのであれば、どうしてこの第十八願を疑えましょうか。四十八の誓願を建てられた阿弥陀さまは十劫という遙か遠い昔に仏になられたと、お釈迦さまはおっしゃっているのです。

弥陀の四十八願といは、無三悪趣、不更悪趣、乃至念仏往生等の願、これなり。すべて四十八願のなかに、いずれの願か一つとして成就し給わぬ願あるべき、願ごとに不取正覚と誓いて、いますでに正覚をなり給える故なり。然るを無三悪趣の願を信ぜずして、かの国に三悪道ありという者はなし、不更悪趣の願を信ぜずして、かの国の衆生、いのちおわりてのち、又悪道に返るという者はなし。悉皆金色の願を信ぜずして、かのくにの衆生は、金色なるもあり、白色なるもありという者はなし。無有好醜の願を信ぜずして、かのくにの衆生は、かたちよきもあり、わろきもありという者はなし、乃至天眼天耳光明寿命、および得三法忍の願にいたるまで、これにおいてうたがいをなす者はいまだはんべらず。ただ第十八願において、念仏往生の願一つを信ぜざるなり。この願をうたがわば、余の願をも信ずべからず、余の願を信ぜば、この一願をうたごうべけんや。法蔵比丘いまだ仏になり給わずといわば、これ謗法になりなんかし。もし又なり給

48

えりといわば、いかがこの願をうたごうべきや。四十八願の弥陀善逝（ぜんぜい）は正覚を十劫にとなえたまえり。【登山状・昭法全四二九】

わずか十遍であってもお念仏を称（とな）えたならばあらゆる世界の衆生（しゅじょう）を極楽（ごくらく）に往生させようと、慈悲深い願を誓われた阿弥陀さまとは、どのようなお方なのでしょうか。南無阿弥陀仏（なむあみだぶつ）の六字（ろくじ）の名号（みょうごう）を称えた限りは、誰であれ往生の叶わない人などいるものでしょうか。阿弥陀さまのはかり知れないほど永い歳月にわたる修行は誰のためかといえば、その功徳（＊くどく）を遠い未来の衆生（しゅじょう）に譲り与えてくださっているのです。あらゆる仏さまにもまして慈悲深い誓願（せいがん）を建てられたのはなぜかといえば、その志を末法（＊まっぽう）に生きる私たちに向けてくださっているのです。私たちの往生が叶わないというのであれば、阿弥陀さまはさとりを開かれたといえるでしょうか。もし阿弥陀さまがさとりを開かれていないというのであれば、どうして私たちの往生が叶うというのでしょうか。私たちの往生が叶うのは阿弥陀さまがさとられたからであり、阿弥陀さまがさとられたのは、私たちの往生を叶えて下さるからなのです。「もし往生できなければ」という一節はこのように理解せねばならず、「決して仏とはならない」と誓われたお言葉に、いかなる限定があるというのでしょうか。（いや、あろうはずもありません）。

いかなる弥陀か十念の悲願をおこして*十方の衆生を摂取し給う、いかなるわれらか六字の名号をとなえて、三輩の往生をとげざらん。*永劫の修行はこれたれがためぞ、功を未来の衆生にゆずりたもう。超世の悲願は又なんの料ぞ、心ざしを末法のわれらに送り給う。われらもし往生をとぐべからずば、ほとけ、あに正覚をなり給うべしや。仏若し正覚を成り給わずば、われら又往生をとげまじや。われらが往生はほとけの正覚により、ほとけの正覚はわれらが往生による、❶若不生者のちかいこれをもってしり、不取正覚のことばかぎりあるをや。【登山状・昭法全四二二】

❶『無量寿経』巻上　浄全一・七／聖典一・二八

49

仏さま方がお誓いになられた*本願の例をひもとくと、*薬師如来の十二の誓願には「願いが叶わなければ、けっして仏とはならない」という誓いはみあたらず、

50

また、*千手観音の本願には「願いが叶わなければ、けっして仏とはならない」と誓われてはいるものの、いまだにおさとりを開かれてはいません。それにひきかえ阿弥陀さまは「願いが叶わなければ、けっして仏とはならない」との誓いを発されたばかりでなく、おさとりを開かれてから、すでにもう十*劫という永い歳月が過ぎているのです。

> 仏の誓願のためしをひらかんにも、薬師の十二の誓願には、不取正覚の願なく、千手の願また❶不取正覚とちかいたまえるも、いまだ正覚なりたまわず。弥陀は❷不取正覚の願をおこして、しかも正覚なりて、すでに十*劫をへたまえり。
>
> 【念仏大意・昭法全四一四】

❶『千手千顔観世音菩薩広大円満無礙大悲心陀羅尼経』正蔵　二〇・一〇七上

❷『無量寿経』巻上　浄全一・七／聖典一・二八

『阿弥陀経』が、単に念仏往生のことだけを説いていると理解してはなりません。経文には、教えを行間に託したり、文字で表す場合がありますが、ここで、教えを全体と要点の関係から見た捉え方をすれば、『阿弥陀経』は阿弥陀さまの四十八願をあますことなく説いた経典なのです。経文に「舎利弗よ、私が今、阿弥陀仏の不思議な功徳を讃じ称えているように（以下略）」とあるなかの阿弥陀さまの「功徳」に四十八願すべてが託されているのであり、『阿弥陀経』に念仏往生が説かれているのは、四十八願の要である*第十八願を指すのです。

> 阿弥陀経は、ただ念仏往生ばかりを説くとは心得べからず。文に隠顕ありといえども、広略の義をもって心得れば四十八願をことごとく説き給える経なり。❶舎利弗、我今、阿弥陀仏の不可思議功徳を讃歎するが如くといえる、阿弥陀ほとけの功徳は、即ち四十八願なり。念仏往生をとくは、その中の第十八の願をさすなり。
>
> 【阿弥陀経の大意をのべ給ひける御詞・昭法全四八七】

❶『阿弥陀経』浄全一・五四／聖典一・二〇三

51

諸々の経典の中に説き示される極楽浄土の荘厳などは、すべてみな阿弥陀さまが衆生を救おうとして建てられた四十八の誓願が成就していることを示す経文です。経典の中でお念仏を勧めているところは、*第十八念仏往生の願が成就したことを説き示す経文なのです。

諸経の中にとくところの極楽の荘厳等は、みなこれ四十八願成就の文なり。念仏を勧進するところは、第十八の願成就の文なり。

【十七条御法語・昭法全四六九】

阿弥陀さまは*第十九来迎引接の願に、❶「往生を願ってさまざまな*功徳を修める人を迎えに行く」と誓われていますが、それはそうした人々の心を惹きつけ、*第十八念仏往生の願に帰依させようとするものなのです。

第十九の願は、諸行の人を引入して、念仏の願に帰せしめんとなり。

【十七条御法語・昭法全四七〇】

❶『無量寿経』巻上　浄全一・七／聖典一・二八

53

お念仏を称える者は、生まれついたそのままでお称えするのです。私たちは、前世の行いに従って今のこの身を受けたのですから、この世でどのように精進しようとも、*凡夫の身を改め直すことなど叶いません。（中略）ですから、*智慧ある者は智慧あるままにお念仏を称え、愚かな者は愚かなままにお念仏を称え、慈悲ある者は慈悲あるままにお念仏を称え、邪な者は邪なままにお念仏を称える、すべての人はみなこのように、あるがままにお念仏を称えるしかないのです。だからこそ、阿弥陀さまは、広くあらゆる世界に生きる衆生を救うとの念仏往生の*本願をお誓いになられたのでしょう。

念仏申す機は、うまれつきのままにて申すなり。さきの世のしわざによりて、今生の身をばうけたる事なれば、この世にてはえなおしあらためぬ事なり。（中略）智者は智者にて申し、愚者は愚者にて申し、慈悲者は慈悲ありて申し、邪見者は邪見ながら申す、一切の人みなかくのごとし。さればこそ阿弥陀ほとけは*十方衆生とて、ひろく願をおこしましませ。

【禅勝房にしめす御詞・昭法全四六四】

54

自分の犯してきた罪悪を懸念して、往生は叶わないだろうと思うのは大きな間違いです。だからといって、投げやりになって悪く振る舞ってよいというわけではありません。（なぜなら、自らを見据えることで）阿弥陀さまの*本願という救いの手は誠に広く、そして（こんな私さえも救って下さる）不思議な道理であることに目覚めるからなのです。ですから、念仏往生の教えを奥深くて難解なものであると説く人は、まったく本願の真意を知らない人とお心得なさい。（そうした人たちに言わせれば）*検校や*別当という高い位についてこそ往生は叶うのであって、この源空の身も、ただの法然房という一介の僧では往生できないということになります。（本願に救われるの）ですから、長年学び積んできた*智慧とて往生のためには何の役にも立ちません。しかし、学んできた結果、このように気付いたならば、並々ならぬことです。

自身の罪悪をうたがいて往生を不定に思わんは、おおきなるあやまりなり。

さればとて、ふてかかりてわろからんとにはあらず。本願の手ひろく、不思議なる道理を心えんがためなり。されば念仏往生の義を、ふかくもかたくも申さん人は、つやつや本願の義をしらざる人と心うべし。源空が身も検校別当どもが位にてぞ往生はせんずる、もとの法然房にては往生はえせじ。さればとしごろならいあつめたる智慧は往生のためには要にもたつべからず。されどもならいたりしかいには、かくのごとくしりたればはかりなき事なり。

【禅勝房伝説の詞・昭法全四六二】

（→類似法語・③33参照）

55

＊善導大師の『往生礼讃』には「阿弥陀仏の＊光明はただ念仏の行者のみを照らして救い摂る。知るがよい、阿弥陀仏の＊本願が最も力強い救いであることを。まさにその身から放たれる光明はすべての世界をあまねく照らし、その光明に浴する者は往生を目指す心が決して退くことはない」とあります。私たち衆生を救い摂りお見捨てにならない阿弥陀さまの光明は、一声ごとのお念仏によって往生が叶うという＊功徳を授けてくださいます。何よりも、この光明の功

徳を信じなさい。何よりも、お念仏に励みなさい。

和尚の釈礼讃に、❶唯念仏のみ有りて光摂を蒙る、まさに知るべし本願最も強しとなす、真形の光明、法界に遍く、光触を蒙る者心不退なり、といえり。摂取不捨の光益は念念称名の徳をさずく、もっともこれを信ずべし、もっともこれを勧むべし。【大原問答時説法の御詞　其二・昭法全四七四】

❶『往生礼讃』浄全四・三七二上

第二節　あらゆる仏の証

56

阿弥陀さまは「未来の悪しき時代に生きる衆生は、驕りたかぶる怠け者であるから、念仏で往生できるなどという教えはなかなか信じまい。一、二の仏が諭したところで、おそらくは疑いの心を発してしまうだろう」とご心配されました。そこで、「願わくば、あらゆる世界に在す仏から、第*十八念仏往生の願を誉め讃えられんことを」とお考えになり、第十七番目の誓願として、「たとえ我が仏になれるとしても、無量の諸仏が感銘して我が名号の*功徳を讃えなければ仏にはなるまい」と誓われました。

そしていよいよ次に、*第十八番目の願として「たとえわずか十遍の念仏であっても、衆生がもし浄土に往生しないようならば、我は仏とならない」と誓われたのです。この第十八願を、無量の仏さまに誉め讃えていただこうと、第十七願を建てられたということです。

その誓願は達成されましたので、あらゆる世界に在す数限りない仏さまがみな、その広く長い舌をお出しになって、全世界に余すところなくお示しになり、この念仏往生の教えが真実であると証明されているのです。*善導大師はこのことを解釈されて「このように証明されているにもかかわらず、もし往生できないようであれば、あらゆる世界に在す仏が出される御舌は、口から出し終えるや、ついに口に戻ることなく、おのずと破れ散ってしまう」とおっしゃいました。この念仏往生の教えを信じない者は、あらゆる世界に在す数限りない仏さまの御舌を破るようなものです。よくよく信じなければなりません。一仏、二仏の御舌を破るのはもちろんのこと、あらゆる世界に在す数限りない仏さまの御舌を破り捨てることなどでき得ましょうか。

未来悪世の衆生、憍慢懈怠にして、これにおいて信をおこす事かたかるべし。一仏二仏の説き給わんに、おそらくはうたごう心をなさんことを。願わくばわれ十方諸仏に、ことごとくこの願を称揚せられたてまつらんとちかいて、第十七の願に、❶もし我れ仏を得たらんに、十方世界の無量の諸仏、悉く咨嗟して、我が名を称せずんば、正覚を取らじ、とたて給いて、つぎに第十八願の、❷乃至十念せんに、もし生ぜずんば、正覚を取らじ、とたて給えり。そのむね、無量の諸仏に称揚せられたてまつらんとたて給えり。❸願成就するゆえに、❹六方におのおの恒河沙のほとけましまして、広長舌相を出して、あまねく三千世界におおいて、みなおなじくこの事をま事なりと証誠し給えり。善導これを釈しての給わく、❺もしこの証によりて生まるる事をえずば、六方の諸仏ののべ給える舌、口よりいでておわりてのち、ついに口に返りいらずして、自然にやぶれみだれんとの給えり。これを信ぜざらん者は、すなわち十方恒沙の諸仏の御舌をやぶるなり。よくよく信ずべし。一仏二仏の御舌をやぶらんだにもあり、いかにいわんや十方恒沙の諸仏をや。

【登山状・昭法全四二八】

❶『無量寿経』巻上　浄全一・七／聖典一・二八
❷前出に同じ
❸『無量寿経』巻下　浄全一・一九／聖典一・七〇
❹『阿弥陀経』浄全一・五四／聖典一・二〇三
❺『観念法門』浄全四・二三五下

57

『無量寿経』に説く第十八願*で、阿弥陀さまは「あらゆる世界の衆生が、いつわりなく心の底から我が極楽浄土に往生したいと願い、念仏を称えることわずか十遍ではあっても、もし往生が叶わないというのであれば、我は仏とならない」とお誓いになられ、すでにもう仏になられたのです。お釈迦さまがこうしたことをお説きになったのが、『観無量寿経』と『阿弥陀経』を加えた「浄土三部経*」です。これらの経典はただただ念仏の法門を説くものです。

たとえ、悪事を繰り返してきた人々が「阿弥陀さまの誓願のお力だけで往生など叶うはずがない」と信じなかったとしても、お釈迦さまがこの教えを一々詳しく説かれた「浄土三部経」に、わずか一言でさえも虚しいことなどどうしてありましょうか。さらにまた、あらゆる世界の諸仏が、その教えが真実であると証明されたと、これらの経典に見られます。その他の行には、諸仏によるこのような証明を見ることができないではありませんか。

> 第十八の願にいわく、❶*十方の衆生こころをいたして、信楽してわがくににうまれんとねがいて、乃至十念せんに、もしうまれずといわば、正覚をとらじとちかいたまいて、すでに正覚なりたまえり。これをまた釈尊ときたまえる経、すなわち観無量寿等の三部経なり。かの経はただ念仏門なり。たとい悪業の衆生等、弥陀のちかいばかりに、なお信をいたさずというとも、釈迦これを一一にときたまえる三部経、あに一言もむなしからんや。そのうえまた*六方十方の諸仏の証誠、この経等にみえたり。他の行におきては、かくのごときの証誠みえざるか。【念仏大意・昭法全四〇六】
>
> ❶『無量寿経』巻上　浄全一・七／聖典一・二八

58

『観無量寿経』の「真身観」について、*善導大師が『往生礼讃』で解釈されて、

「阿弥陀仏のお身体は黄金の山のように輝き、そのお姿から放たれた光明はあらゆる世界をあまねく照らす。ただ、念仏を称える者のみ、その光明に救い摂られる。まさに阿弥陀仏の本願の力のもっとも強きことを今こそ知らねばならぬ」とおっしゃっています。これもまた、先に述べた阿弥陀仏の弘願を示そうとしているのです。

❶真身観には、❷弥陀の身色は金山の如し、相好光明十方を照らす、唯念仏のみ有りて光摂を蒙る、まさに知るべし本願最も強しとす。云云。又これさきの弘願のゆえなり。

【登山状・昭法全四二三】

❶『観無量寿経』浄全一・四三／聖典一・一六四
❷『往生礼讃』浄全四・三七二上

『阿弥陀経』には「少しばかりの善行の功徳を積んだところで、阿弥陀仏の極楽浄土に往生することは叶わない。もし、信心深い善良な人たちが、阿弥陀仏の名号の功徳が説かれているのを聞いて、その名号を心にとどめて称え続け、たとえ一日でも、二日でも、あるいは七日でも、一心不乱に称えたならば、その人たちは命の尽きる時、心散り乱れることなく、すみやかに往生が叶うであろう」と説かれています。

経典はその後に続けて、あらゆる世界それぞれに、数限りないみ仏がいらっしゃり、広く長い舌をお出しになってあまねくすべての世界を覆い、念仏往生の真実なることを示し、それを信じなさいと自ら証明して下さっています。これもまた、先に述べた阿弥陀さまの*弘願を示そうとしているのです。

> 阿弥陀経にいわく、❶*少善根福徳の因縁をもって、かの国に生ずることを得べからず。もし善男子、善女人あって、阿弥陀仏を説くを聞きて、名号を執持すること、もしは一日、もしは二日、乃至七日、一心不乱なれば、その人命終の時に臨んで、心顛倒せず、すなわち往生することを得云云。つぎの文に、*六方におのおの*恒河沙の仏ましまして、広長*舌相を出して、あまねく*三千大千世界におおいて、誠実の事なり、信ぜよと証誠し給えり。これ又さきの弘願のゆえなり。【登山状・昭法全四二三】

五つのゆるぎない事実によって往生する、ということについて。

一つには阿弥陀（あみだ）さまが私たち＊凡夫（ぼんぶ）を救おうと誓われた＊本願が成就（じょうじゅ）されているという事実、二つにはお釈迦さまが説かれた教えが真実であるという事実、三つには阿弥陀さまの本願をあらゆる仏さまが証明されているという事実、四つには＊善導大師（ぜんどうだいし）のご解釈が正しいという事実、五つには私たちの信心が確固たること。これら五つの事実によって往生は定まるのです。

五つの決定（けつじょう）を以て往生すと云う事。
一つには弥陀本願決定なり、二つには釈迦所説決定なり、三つには諸仏（しょぶつ）証誠（しょうじょう）決定なり、四つには善導教釈決定なり、五つには我等信心決定なり。
此の義を以ての故に往生決定なり。【三心料簡および御法語・昭法全四五二】

❶『阿弥陀経』浄全一・五三／聖典一・二〇二

61

第三節　わが師、善導――阿弥陀仏の化身

五念門という往生行を、『往生要集』の中では、第四章の「正しく念仏を修する門」として位置づけてはいるものの、そのうちの作願門と廻向門は行そのものとはいえず、礼拝門と讃歎門の行もまた、観察門で説く行には及びません。観察門の中の称名について、これを懇切丁寧に勧めることが『往生要集』本来の主旨であるのは明らかです。ただし、お名号を称える人が百人いれば百人とも往生するというお念仏の功徳については、道綽禅師や善導大師の所説に託して、源信さまご自身は詳しく述べておられません。が、このようなわけで私(源空)は『往生要集』を手がかりに浄土の教えに帰入したのです。

この教えの奥義を求めてみるに、善導大師の『観経疏』を二回読んでも、やはり往生は難しいと思いました。けれどもようやく三回目にして、心乱れる凡夫であっても称名念仏で往生が叶うという道理にたどり着いたのです。ただし私自身は、この時生死の迷いから離れ出るとの思いを固めましたが、他の

人々にこの教えを説き広めようと願いつつも、なかなかその好機が巡ってこなかったのです。

そのように思いあぐねておりましたところ、ある晩、夢の中に大きな紫の雲がたなびいてこの日本の国を覆い、雲の中から無量の光が放たれ、その光の中から妙なる色の鳥々が飛び出でてきて空中を満たしました。そして私が高い山に登ると、たちまちのうちに、善導大師さまのお姿を拝していたのです。腰から下は金色（こんじき）に輝き、腰から上は普通の人とお変わりありませんでした。善導大師は「汝は至らぬ身ではあるが、*専修（せんじゅ）念仏を説き広めようと志している。それ故、汝の目の前に姿を現した。我は善導である」とおっしゃったのです。それ以後、このお念仏の教えは広まって年々盛んとなり、その勢いはとどまるところを知りません。

❶五念門において正修（しょうじゅ）念仏と名づくと雖（いえど）も、作願・廻向は是（これ）行体（ぎょうたい）にあらず。礼拝・讃歎また観察にしかず。観察中に、称名において、丁寧に之（これ）を勧むるを本意となすと云う事、顕然（けんねん）なり。ただし、百即百生（ひゃくそくひゃくしょう）の行相においては、すでに道綽・善導の釈に譲りて、委（くわ）しく之を述べず。是の故に往生要

集を先達となし、*浄土門に入るなり。此の宗の奥旨を窺う。善導の釈において、二反之を見るに往生は難しと思えり。第三反の度、乱想の凡夫、称名の行に依りて、往生すべきの道理を得たり。ただし、自身の出離においては、すでに思い定め畢ぬ。他人の為に之を弘めんと欲すと雖も、時機叶い難きが故に。煩いて眠る夢の中に、紫雲大いに聳て日本国に覆えり。雲の中より無量光出て、光の中より百宝色の鳥飛散し充満せり。時に高山に昇るに、忽ちに生身の善導に値い奉る。腰より下は金色なり。腰より上は常人の如し。高僧云わく、汝、不肖の身たりと雖も、専修念仏を弘めるが故に、汝の前に来たれり。我は是善導なり。云云。其より後、此の法弘まり、年々繁昌して流布せざるの境無きなり。

【一期物語・昭法全四三七】

(↓類似法語・③40参照)

❶『往生要集』巻上末　大文第四正修念仏　浄全一五・六八上

62

*善導大師は、静めた心にありありと仏さまのお姿を想い描く行を観仏*三昧と

おっしゃり、ただ仏さまのみ名を称えるお念仏を念仏三昧とおっしゃいました。*恵心僧都源信さまは仏さまのみ名をお称えするお念仏と、仏さまのお姿を心に想い描く行と二つとも念仏三昧である、とおっしゃいました。（中略）（お二人の解釈は異って受け止められがちですが）しかしながら源信さまの真のお心では、仏さまのみ名をお称えするお念仏を専ら修めるようにお勧めになられたのです。そのお心は善導大師とまったく同じです。

善導は❶色相等の観法をば、観仏三昧と云えり。称名念仏をば、念仏三昧と云えり。恵心は称名・観法合して念仏三昧と云えり。（中略）然りと雖も真実の底の本意は、称名念仏をもて、*専修専念を勧進したまえり。善導と一同なり。

【十七條御法語・昭法全四七一】

❶『観経疏』玄義分巻第一　浄全二・三下／聖典二・九

63　もし誰かに、この度、私法然が立てたところの念仏往生の教えについて「いったいかなる教え、いかなる祖師の意に沿うものか」と問われたならば、このように答えます。「*真言宗でもなければ、*天台宗でも、*華厳宗でも、*三論宗でも、*法相宗でもありません。ただ*善導大師の御心に基づいて浄土宗の教えを立てたのです。善導大師はまぎれもなく阿弥陀さまの化身です。その方がお立てになった教えなのですから、仰ぐべきです、信じるべきです。私、源空が今はじめて考えた教えでは、まったくもってありません」と。

> 人ありて、いまたつるところの念仏往生の義、いずれの教、いずれの師の意ぞといわば、答うべし。真言にあらず、天台にあらず、華厳にあらず、三論にあらず、法相にあらず、ただ善導和尚の意に依りて浄土宗をたつ。和尚はまさしく*弥陀の化身なり。所立の義、あおぐべし。信ずべし。まったく源空が今案にあらず。
>
> 【浄土立宗の御詞　其二・昭法全四八二】
>
> （→類似法語・13、13-2参照）

64

*善導大師は「釈尊は『観無量寿経』でこれまで定善と散善の二つの教えの利

益を説かれてきたが、阿弥陀仏の*本願に照らし合わせてみると、釈尊の本意は、あらゆる*衆生にただひたすら阿弥陀仏の名号を称えさせることにあった」とお示しですが、善人も*悪人もすべての*凡夫が、口に称えるお念仏によって阿弥陀さまの煩悩なき妙なる浄土への往生が叶うのです。このことは、善導大師が阿弥陀さまの化身としてお示しになったことなのですから、あなたのお命が尽きたときに往生が叶うかどうかは、あとはあなた自身のお心次第なのです。

❶上来定散両門の益を説きたもうと雖も、仏の本願に望むれば、意、衆生をして一向に専ら弥陀仏の名を称せしむるに在り、と判じて、一切善悪の凡夫、口称念仏によりて無漏の報土に往生する事、善導和尚弥陀の化身として、かように釈し給える上は、此の度の往生は入道殿の心なるべし。

【宇都宮弥三郎頼綱に示す御詞・昭法全四八〇】

❶『観経疏』散善義巻第四　浄全二・七一下／聖典二・一五三

65

第四節　浄土門の祖師方

*曇鸞大師そのお方こそ、お釈迦さまの教えを奥深く究められた人です。「人の寿命など明日をも知れぬものだ」とお考えになり、お釈迦さまの教えをじっくり学ぶために、長生きができるという仙人の教えを授かり、その帰途、*菩提流支という名の*三蔵に会われました。そこで曇鸞大師はこの菩提流支三蔵の御前に進み、「釈尊の教えの中には、中国の仙人の教え以上に、長寿にして不死を授かることができるものがありましょうか」とお尋ねになりました。すると、菩提流支三蔵は地面に唾を吐き捨て、「この娑婆世界のいったいどこに長寿の教えなどあろうか。たとえこの世で命をどれほど長らえたとしても、やはり迷いの世界に*輪廻を繰り返すのだ」とおっしゃりながら、その場で曇鸞大師に『観無量寿経』をお授けになり、「この経こそが大いなる仙人、すなわち釈尊の教えである。この経の教えに従って修行したならば、きっと*生死の迷いの世界を離れ出ることができよう」とおっしゃいました。曇鸞大師はこの『観無

量寿経』を授け伝えられると、仙人の教えを説く経典をすぐさま火に投じて焼き捨て、そして、『観無量寿経』に基づいて浄土往生のための行をお示し下さいました。その後、曇鸞大師から道綽禅師、善導大師、懐感禅師、少康法師へと、この浄土の教えが伝承されてきたのです。

曇鸞法師と申せし人こそ、仏法のそこをきわめたりし。人のいのちはあしたを期しがたしとて、仏法をならわんがために、長生の仙の法をばつたえ給いけれ。時に菩提流支と申す三蔵ましましき。曇鸞かの三蔵の御まえにもうでて申し給うようは、仏法の中に長生不死の法、この土の仙経にすぎたるありやとい給いければ、三蔵地につばきをはきての給わく、この方にはいずくのところに長生の法あらん。たとい長年をえてしばらくしなずとも、ついに三有に輪廻すとの給いて、すなわち観無量寿経をさずけて、大仙の法なり、これによりて修行すれば、さらに生死を解脱すべしとの給いき。曇鸞これをつたえて、仙経をたちまちに火にやきすてこれをすつ。観無量寿経によりて、浄土の行をしるし給いき。そののち曇鸞・道綽・善導・懐感・少康等にいたるまで、このながれをつたえ給えり。

66

道綽禅師は、お念仏で往生が必ず叶うとお教えくださった先達です。その学識は深く、特に『涅槃経』に関する講義を重ねられました。そして、曇鸞大師に遅れること三世代を隔てながらも、その教えに帰依されたのです。「かの曇鸞大師は、学識が高く優れていらっしゃったにもかかわらず、四論の学問を捨てて、お念仏の教えに帰入なされた。私（道綽）が知っていること、学んできたことが、曇鸞大師よりどうして多いといえようか」と自覚され、『涅槃経』に関する学問を捨てて、ひとえに極楽往生のための行を修め、ただひたすらに南無阿弥陀仏とお念仏を絶え間なく称え続け、事実、往生を遂げられたのです。

道綽禅師は決定往生の先達なり。智慧ふかくして講説を修したまいき。曇鸞法師の三世已下の弟子なり。かの鸞師は智慧高遠なりといえども、四論の講説をすてて、念仏門にいりたまわんや。わがしるところさわるところ、なんぞおおしとするにたらんやとおもいとりて、涅槃の講説をすてて、

【登山状・昭法全四一九】

ひとえに往生の業を修して、一向にもはら弥陀を念じて、相続無間にして、現に往生したまえり。【念仏大意・昭法全四一〇】

67

*道綽禅師のお勧めによって、山西省は並州の晋陽・太原・汶水の三県の、七歳以上の人々は皆、ひたすらお念仏を称えたと伝えられています。

道綽禅師のすすめにより、幷州の三県の人、七歳以後一向に念仏を修すといえり。【念仏大意・昭法全四一〇】

68

『*大聖竹林寺記』に次のようなことが記されています。

「中国の*五台山にある竹林寺の大講堂の中で、*普賢菩薩と*文殊菩薩とが東西に対面してお座りになられ、多くの衆生のために、妙なる教えをお説きになられていた。その時、*法照禅師が跪いて、文殊菩薩に次のように質問なされた。『将来、悪事がはびこる世に生きる*凡夫は、いかなる行を修めれば、永遠に迷いの世界を離れて極楽浄土に往生することが叶うでしょうか』と。文殊菩薩は次のようにお答えになった。『浄土へ往生するための行いとしては、阿弥陀仏の名号を称えるよりも優れたことはない。速やかに覚りを得る道にしても、ただ南無阿弥陀仏と称える教えが一つあるのみである。故に釈尊が生涯に説かれたあらゆる経典において讃えられているのも、皆、阿弥陀仏に関するものである。まして悪事のはびこる未來の世に生きる凡夫のこと、なおさら念仏すべきであろう』とお答えになられた」と。

このような大切な伝承や高僧方のお示しを見るにつけ、いまだに極楽往生を願う信心が発らず、万が一にも授かり難い人の身を受けたにもかかわらず、往生を遂げやすい浄土に往生しないというのであれば、これ以上の後悔が他にありましょうか。

❶大聖竹林寺の記にいわく、五台山竹林寺の大講堂の中にして、普賢・文殊東西に対座して、もろもろの衆生のために、妙法をときたもうとき、法照禅師ひざまづきて、文殊にといたてまつりき。未来悪世の凡夫、いずれの法をおこないてか、ながく＊三界をいでて、浄土にうまるることをうべきと。

文殊こたえてのたまわく、往生浄土のはかり事、弥陀の名号にすぎたるはなく、頓証菩提の道、ただ称念の一門にあり。これによりて釈迦一代の聖教にほむるところ、みな弥陀にあり、いかにいわんや未来悪世の凡夫をやと、こたえたまえり。かくのごときの要文等、智者たちのおしえをみても、なお信心なくして、ありがたき人界をうけて、ゆきやすき浄土にいらざらん事、後悔なにごとかこれにしかんや。【念仏大意・昭法全四一〇】

❶ 現在『大聖竹林寺記』そのものは伝わらないが、法照の伝記（『宋高僧伝』巻第二一　正蔵五〇・八四四上）、珍海の『菩提心集』上（浄全一五・五〇四上）に記載がある。

69

*法照禅師が*五台山に登嶺したという夢を記した『*大聖竹林寺記』には次のように記されています。

「法照禅師が、五台山に登り大聖竹林寺に辿り着くと、そこに二人の少年がいた。一人は善財、一人は難陀といった。二人は、法照禅師を案内して寺の中に招き入れ、ようやく講堂までさしかかった。そこを見やると、*普賢菩薩が、数え切れないほどの侍者に囲まれてお座りになっており、*文殊菩薩は、一万の*菩薩に囲まれてお座りになっていた。法照禅師は礼拝して、『*末法の愚かな*凡夫が救われるには、どのような行を修めるべきでありましょうか』と尋ねた。すると文殊菩薩は、『汝、もはや念仏せよ。今こそまさに念仏を称える時である』とお答えになられた。重ねて法照禅師は、『はたして、いずれの仏の名を称えるべきでありましょうか』と尋ねた。それに対してまた文殊菩薩は、『この娑婆世界を通り過ぎ、西方の極楽浄土に阿弥陀仏がいらっしゃる。その阿弥陀仏はまさに凡夫を救おうとの慈悲深い願をお誓いになられ、すでに成就されている。汝、まさに阿弥陀仏の名号を念じ称えるべきである』とお答えになられた」と。

これは、大いなる聖者である文殊菩薩が法照禅師の眼の前でおっしゃられたことです。総じて、広い視野からこの話について述べるならば、お念仏は、仏教のあらゆる教えにおいても修めるべきと説かれている行なのです。

五台山の❶大聖竹林寺の記にいわく、法照禅師清涼山にのぼりて大聖竹林寺にいたる。ここに二人の童子あり、一人をば善財といい、一人をば難陀という。この二人の童子、法照禅師をみちびきて、寺のうちにいれて、漸々（ぜんぜん）に講堂にいたりて見れば、普賢菩薩、無数（むしゅ）の眷属（けんぞく）に囲繞（いにょう）せられて坐し給えり。文殊師利（しり）は、一万の菩薩に囲繞せられて坐し給えり。法照礼（らい）していたてまつりていわく、末法の凡夫はいずれの法をか修（しゅ）すべき。文殊師利こたえての給わく、なんじすでに念仏せよ、いままさしくこれ時なりと。法照又といていわく、まさにいずれをか念ずべきと。文殊又の給わく、この世界をすぎて西方に阿弥陀仏まします、かのほとけまさに願ふかくまします、なんじまさに念ずべしと。大聖文殊、法照禅師にまのあたりの給いし事なり。すべてひろくこれをいえば、諸教にあまねく修せしめたる法門（ほうもん）なり。【登山状・昭法全四二三】

❶前出に同じ

70

浄土の御教えを説くお祖師方は多くいらっしゃいますが、みな、さとりを目指す心を発（おこ）すように勧め、また静めた心で浄土のありさまを想い描く観察（かんざつ）がもっとも大切な修行であるとしています。ところが、ただ善導大師（＊ぜんどうだいし）お一人のみが、さとりを目指す心を伴わない往生をお認めになり、観察は称名に心を向かわせるための行にすぎないと結論付けられました。今の世に生きる人々にとって、この善導大師の御心によらなければ、往生は叶いません。*曇鸞大師・*道綽禅師・*懐感禅師などはみな浄土の御教えを伝えたお祖師さまではありますが、その御教えは必ずしも一様ではありません。よくよくその違いを見分けねばなりません。これをわきまえない者は、往生を遂げることの難易について、理解することが出来ないのです。

> 浄土の人師多しと雖も、皆菩提心を勧めて観察を正となす。唯、善導一師のみ菩提心無くして往生を許す。観察を以ては称名の*助業と判ずと。当世の人、善導の意に依らざれば、輒ち往生を得ず。曇鸞・道綽・懐感等、皆相承の人師となすと雖も、義に於てはいまだ必ずしも一准ならず。よくよく之を分別すべし。此の旨を弁ぜざる者は、往生の難易に於て、存知し難き者なり。
>
> 【一期物語・昭法全四四三】
>
> （↓類似法語・③39参照）

第四章　お念仏——御名を称えて

第一節　阿弥陀仏に親しき行

71

「行に縁って信を確立する」というのは、極楽に往生するための行はさまざまあるとはいえ、二種にまとめられます。一つには正行、二つには雑行です。正行というのは阿弥陀さまとの間がらが親しい行であり、雑行というのは阿弥陀さまとの関係が疎遠な行です。

まず、正行には五つあります。一つには読誦、すなわち『無量寿経』『観無量寿経』『阿弥陀経』の「浄土三部経」を拝読することです。二つには観察、すなわち極楽浄土のありさまや阿弥陀さまのお姿を静めた心に想い描くことです。三つには礼拝、すなわち阿弥陀さまを礼拝することです。四つには称名、すなわち阿弥陀さまの名号を称えることです。五つには讃歎供養、すなわち阿弥陀さまを讃じ称え供養することです。

これら五つの正行は二つにまとめることができます。一つには、ただひたすら心から阿弥陀さまの名号を称えて、歩いているときも止まっている時も、座っている時も、横になっている時も、時間の長短にかかわらず絶え間なく称えること（第四の称名）、これを*正定の業となづけます。なぜなら、それは阿弥陀さまの*第十八念仏往生の願に適った行であるからです。二つには、これ以外の礼拝や読誦をみな*助業と名づけるのです。雑行とは、いまの五種の正行（正定の業と助業）以外の、「浄土三部経」以外の*大乗経典を読誦したり、さとりをめざす心を発したり、戒律を持ったり、さまざまな行を勧めるなどのあらゆる行のことです。

正行には五つの長所が、そして雑行には五つの短所があります。一つには親疎対、すなわち正行を修める者は阿弥陀さまと親密であるのに対し、雑行を修める者は阿弥陀さまと疎遠であるということです。二つには近遠対、すなわち正行を修める者は阿弥陀さまがいつも近くにいらっしゃるのに対し、雑行を修める者は遠く離れているということです。三つには有間無間対、すなわち正行を修める者は阿弥陀さまに寄せる思いに絶え間がないのに対し、雑行を修める者はその思いが途切れがちになるということです。四つには*廻向不廻向対、すなわち正行を修めれば、それをことさらに振り向けなくともそれ自体が往生の業であるのに対し、雑行は往生のために振り向けなければ往生の業とはならないということです。五つには純雑対、すなわち正行はまぎれもなく極楽浄土に往生するための行であるのに対し、雑行はそうではなく、さまざまな浄土や人間界、天上界に赴くための行なのです。このように信じるのを「行に縁って信を確立する」というのです。

❶行につきて信をたつというは、往生極楽の行まちまちなりといえども、二種をばいでず。一つには正行、二つには雑行なり。正行というは阿弥陀仏におきてしたしき行なり、雑行というは阿弥陀仏におきてうとき行なり。まず正行というは、これにつきて五つあり。一つにはいわく読誦、いわゆる三部経をよむなり。二つには観察、いわゆる極楽の*依正を観ずるなり。三つには礼拝、いわゆる阿弥陀仏を礼拝するなり。四つには称名、いわゆる弥陀の名号を称するなり。五つには讃歎供養、いわゆる阿弥陀仏を讃嘆し供養するなり。この五をもってあわせて二とす。一つには一心にもはら弥陀の名号を念じて、行住坐臥に時節の久近をとわず、念々にすてざる、これを正定業となづく、かのほとけの願に順ずるがゆえに。二つにはさきの五つが中の称名のほかの礼拝・読誦をみな助業となづく。つぎ

に雑行というは、さきの五種の正助二業をのぞきて已外の、もろもろの読誦大乗・発菩提心・持戒・勧進等の一切の行なり。この正雑二業につきて五種の得失あり。一つには親疎対、いわゆる正行は阿弥陀仏にしたしく雑行はうとく、二つには近遠対、いわゆる正行は阿弥陀仏にちかく、雑行は阿弥陀仏にとおし。三つには有間無間対、いわゆる正行はおもいをかくるに無間なり、雑行は思をかくるに間断あり。四つには廻向不廻向対、いわゆる正行は廻向をもちいざれどもおのずから往生の業となる、雑行は廻向せざる時は往生の業とならず。五つには純雑対、いわゆる正行は純極楽の業なり、雑行はしからず、*十方の浄土乃至人天の業なり。かくのごとく信ずるを就行立信となづく。【三心義・昭法全四五六】

❶『観経疏』散善義巻第四　浄全二・五八下／聖典二・一二五

71-2

❶行に就いて信を立つとは、往生極楽の行、区なりと雖も二種をば出でず。一つには*正行、二つには*雑行なり。正行とは阿弥陀仏に於ての親行

なり、雑行とは阿弥陀仏に於ての疎行なり。先ず正行とは、之に付いて五つあり。一つには、謂わく読誦、謂わく三部経を読むなり。二つには、謂わく観察、極楽の依正を観ずるなり。三つには礼拝、謂わく弥陀仏を礼するなり。四つには称名、謂わく弥陀の名号を称するなり。五つには讃歎供養、謂わく阿弥陀仏を讃歎し供養するなり。此の五つを以て、合して二つとす。一つには一心に弥陀の名号を専念して、行住坐臥に時節の久近を問わず、念々に捨てざる者、是を正定の業と名づく、彼の仏の願に順ずるが故に。二つには先の五つの中に、称名を除きて已外の礼拝・読誦等は、皆助業と名づく。次に雑行とは、先の五種の正助二行を除きて已外の諸の読誦大乗・発菩提心・持戒・勧進の行等の一切行なり。此の正雑二行に付いて、五種の得失あり。一つには親疎対、謂わく正行は阿弥陀仏に親なり、雑行は阿弥陀仏に疎なり。二つには近遠対、謂わく正行は阿弥陀仏に近なり、雑行は阿弥陀仏に遠なり。三つには有間無間対、謂わく正行は係念間なし、雑行は係念間断す。四つには廻向不廻向対、謂わく正行は廻向を用いざるに、自ら往生の業となる、雑行は廻向せざる時、往生の業とならず。五つには純雑対、謂わく正行は純に往生極楽の業なり、雑行は爾らず、十方浄土乃至人天の業に通ずるなり。此くの如く信ずるは、行に就いて信を立つと名づく。是を深心と名づく。

❶前出に同じ

【十七条御法語・昭法全四七二】

72

往生極楽の行まちまちなりといえども、二種をばいでず。一つには*正行、二つには*雑行なり。正行というは阿弥陀仏におきてしたしき行なり、雑行というは阿弥陀仏におきてうとき行なり。

【三心義・昭法全四五六】

(71より抄出)

73

*正行というは、これにつきて五つあり。一つにはいわく読誦、いわゆる三部経をよむなり。二つには観察、いわゆる極楽の*依正を観ずるなり。三つには礼拝、いわゆる阿弥陀仏を礼拝するなり。四つには称名、いわゆる弥陀の名号を称するなり。五つには讃歎供養、いわゆる阿弥陀仏を讃嘆し供養するなり。(中略)*雑行というは、さきの五種の正助二業をのぞきて

已外の、もろもろの読誦大乗・発菩提心・持戒・勧進等の一切の行なり。

【三心義・昭法全四五七】

(71より抄出)

74

五をもってあわせて二とす。一つには一心にもはら弥陀の名号を念じて、行住坐臥に時節の久近をとわず、念々にすてざる、これを正定業となづく、かのほとけの願に順ずるがゆえに。二つにはさきの五が中の称名のほかの礼拝・読誦をみな助業となづく。

【三心義・昭法全四五七】

(71より抄出)

75

正雑二業につきて五種の得失あり。一つには親疎対、いわゆる正行は阿弥陀仏にしたしく雑行はうとく、二つには近遠対、いわゆる正行は阿弥陀仏にちかく、雑行は阿弥陀仏にとおし。三つには有間無間対、いわゆる正行はおもいをかくるに無間なり、雑行は思をかくるに間断あり。四つには

＊廻向不廻向対、いわゆる正行は廻向をもちいざれどもおのずから往生の業となる、雑行は廻向せざる時は往生の業とならず。五つには純雑対、いわゆる正行は純極楽の業なり、雑行はしからず、＊十方の浄土乃至人天の業なり。

【三心義・昭法全四五七】

（71より抄出）

他のさまざまな縁がなくとも、確固たる信を得るから、ということについて。（＊善導大師の『往生礼讃』に「（念仏往生が必ず叶う由縁として）他のさまざまな縁がなくとも、確固たる信を得るから」と説かれていますが）これはお念仏以外の尊い善根を目にしても、心の中で気おくれしないことをいうのです。たとえば、法勝寺の九重の塔を見て、自分はわずか一寸ばかりの塔すら建てられないからといって、往生できないのではないかと不安に思う必要もなく、また東大寺の大仏を拝して、自分はわずか半寸の仏像すら造れないからといって、自分を卑下せず、一声のお念仏にこの上のない＊功徳をいただいて、必ず往生は叶うのだと思い定めることを「他のさまざまな縁がなくとも、確固たる信を得るから」というのです。
このように信じる人が称えるお念仏は、阿弥陀さまの本願*とぴたりと合わさり、お釈迦さまの教えと違うところがなく、多くの仏さまによる「阿弥陀如来の教えには偽りがない」との証明に従っているのです。それに対して、雑多な修行が十三の損失を被ることについては、以上のことからよく心得るべきです。

❶外の雑縁無く正念を得るが故の事。
此は他の大善なるを見て我が心に怯弱無きを云うなり。たとい法勝寺の九重の塔を見るとも、我れ一寸の塔をも立てずと云う疑心も無し。また東大寺の大仏を拝すとも、我れ半寸の仏をも造らざるにも卑下心無きを云う。称名の一念に無上の功徳を得、決定して往生すべしと思い定めたるを外の雑縁無く正念を得るが故と云うなり。此くの如く信ずる者の念仏は、弥陀の本願と相応し、釈迦の教えと相違無く、諸仏の証誠に随順するにてあるなり。*雑行*の十三の失は此の義を以て心得べきなり。

【三心料簡および御法語・昭法全四五三】

77

今、浄土宗の教えによるならば、お釈迦さまが『観無量寿経』を説かれた以前であろうと以後であろうと、お釈迦さまがいつお説きになったかに関わりなく、どのような*大乗仏教の経典を取り出してみても、『観無量寿経』に示されている「❶大乗経典を読むという往生行」に収まるのです。どうして『*法華経』のみが含まれないことなどありましょうか。あらためて『観無量寿経』の教えの中に『法華経』など他の経典の教えを収め込んでしまおうなどと望んでいるわけではありません。「あらゆる大乗経典を余すことなく収める」という意図は、お念仏を称えることに対して「大乗経典を読むという往生行」をやめさせるためなのです。

今浄土宗の意は、観経前後の諸の大乗経を取りて、皆悉く往生行の内に摂す。何ぞ法華独り之を残さんや。事新しく観経の内に入れんことを望むべからず。普く摂すの意、皆、念仏に対して之を廃せんが為なり。

❶『往生礼讃』浄全四・三五六下

❶『観無量寿経』浄全一・四六／聖典一・一七七

77-2

今の浄土宗の心は観経前後の諸*大乗経をとりてみなことごとく往生の行のなかに摂す。なんぞ法華ひとりもれんや。あまねく摂する心は、念仏に対してこれを廃せんためなり。

【薗城寺公胤僧正の使者に示す御詞・昭法全四七五】

78

およそこの『阿弥陀経』は、日本国中、都はもとより遠く離れた土地に至るまで、そこここに広まっています。『*法華経』や『金光明最勝王経』は、桓武天皇の時代に「いかなる宗派の僧侶も、その宗の経典と併せて学ぶように」との宣旨が下り、そのように定められましたので、講師となって『法華経』を講説する僧侶も多くなりました。けれども暗唱できる人がいないということで、続けて「『法華経』を暗唱するように」との宣下が出され、経典を所持する人が増えたのです。このように『法華経』は宣旨が下されてはじめて世に広められました。

一方『阿弥陀経』は、そうした宣旨が下されなかったにもかかわらず、自ずと世に広まりました。多くの修行道場で、各々定時の勤行には毎日必ず『阿弥陀経』が読まれ、拝読しない僧侶などいないほどでした。こうした広まりは、すべからく浄土教とご縁のあった方々によるところです。そもそも『阿弥陀経』を拝読することの始まりは、比叡山の常行三昧堂＊に由来します。そのお堂で行われてたお念仏の行は、慈覚大師円仁が唐に渡ったおりに学び、日本に伝えた勤行なのです。

凡そこの阿弥陀経は、我が朝に都鄙処々に多く流布せり。法華経と、最勝王経とは、諸宗の学徒、兼学すべきよし、桓武天皇の御時、宣旨を下されて、定め置かれしかば、演説者とて、法華を解説する師は多くなりたりけれども、暗誦する人なかりければ、法華を暗誦すべきよし、かさねて宣旨を下されけるのち、持経者多くいできたれり。法華は加様に宣下によりてこそ、流布せられたれ。阿弥陀経は、其の沙汰なけれども、自然に流布して、処々の道場に、みな例時とて、毎日にかならず阿弥陀経をよみ、一切の諸僧、阿弥陀経をよまずという事なし。これひとえに浄土教有縁のいたすところなり。事のおこりをたずぬれば、叡山の常行堂より出でたり。彼の*常行堂の念仏は、慈覚大師、渡唐のとき将来し給える勤行なり。

【阿弥陀経の大意をのべ給ひける御詞・昭法全四八七】

79

今、この浄土宗の教えにしたがって往生行について述べるならば、例えば『観無量寿経』に示された往生のための修行は一つではありません。散り乱れる心のままでも修められる世・戒・行の三種類の福行（*三福）や上品上生から下品下生に至る九品それぞれに説かれる行、また、静めた心に阿弥陀さまのお姿や極楽浄土のありさまを想い描く十三種の定善など、その行は種々に分けられつつ、一つ一つ段階的に連なっています。

まず十三種の定善とは次のようなものです。夕日を想い描く日想観、水のありさまを想い描く水想観、浄土の大地のありさまを想い描く地想観、浄土の樹々のありさまを想い描く宝樹観、浄土の池のありさまを想い描く宝池観、浄土の宮殿のありさまを想い描く宝楼観、阿弥陀さまのお座りになる華座を想い描く華座観、仏像を手掛かりに阿弥陀さまや菩薩さまを想い描く像想観、阿弥陀さまの真のお姿を想い描く真身観、観音菩薩のお姿を想い描く観音観、勢至菩薩のお姿を想い描く勢至観、自身の往生を想い描く普想観、仏さまのお姿やお浄土のありさま全体を想い描く雑想観です。

次に、散り乱れる心のままでも修められる散善の九品とは次のようなものです。一つには、父母に孝養を尽くすこと、師長を敬いよく仕えること、慈悲の心をもって殺生をしないこと、＊十善をよく修めることです。二つには、仏法僧の＊三宝に帰依してその教えをよく保つこと、種々の戒をよく守ること、立ち居振る舞いを乱さないことです。三つには、さとりを目指す心を発すこと、因果の道理を深く信じること、＊大乗経典をよく拝読すること、人々に仏道を歩むよう勧めることなどです。九品とは、先に述べた三福の行を分けて当てはめたもので、詳細は『観無量寿経』に説かれています。

総じてこれら定善や散善の行についていうならば、こうした行以外に往生のための行などないのです。その意味では、いずれの行を修めてもかまわないのですが、ただ、お一人お一人に縁のあった行を頼みに、＊功徳を積んで、心の引きつけられる教えのままに行を励むのであれば、すべての人が悉く往生を遂げることができるのです。決して疑いの心を抱いてはなりません。

ここで少し、浄土宗の教えにしたがって往生のための行について述べるならば、まさにこれまで述べてきたように定善の観察行はそれぞれ段階的に連なって十三あり、散善の行はそれぞれ独立して九つに分かれています。ところでもし、私たちがその定善という門に入ろうとしたならば、すぐさま心は荒馬のように暴れ回り、欲望を掻きたてる六塵の境界を駆け回ることでしょう。またもし、私たちがその散善の門に臨もうとしたならば、心は片時も落ち着かない猿のように遊び回り、木の枝を飛び移るように次々と*十悪を犯し続けることでしょう。駆け回る馬のような心を静めようにも叶わず、飛び移る猿のような心を抑えようにも叶いません。ところが今、九品の中、下品に説かれる往生のための行をみると「十悪や*五逆を犯した衆生でも、臨終に*善知識に遇ってその勧めにしたがい、たとえ一声や十声であっても阿弥陀仏の名号を称えるならば極楽浄土への往生が叶う」と説かれているのです。どうしてこれが、私たちのような分際にふさわしい教えでないことなどありましょうか。

いまこの浄土宗についてこれをいえば、又観経にあかすところの業因一つにあらず、三福九品十三定善、その行しなじなにわかれて、その業まちまちにつらなれり。まず定善十三観というは、日想・水想・地想・宝樹・宝池・宝楼・華座・像想・真身・観音・勢至・普観・雑観、これなり。つぎに散善九品というは、一つには孝養父母・奉事師長、慈心不殺・修十善業、二つには受持三帰、具足衆戒、不犯威儀、三つには発菩提心、深信因果、読誦大乗、観進行者なり。九品はかの三福の業を開してその業因にあつ、つぶさには観経にみえたり。惣じてこれをいえば、定散二善の中にもたれる往生の行はあるべからず。これによりて、あるいはいずれにもあれ、ただ有縁の行におもむきて、功をかさねて心にひかん法によりて、行をはげまば、みなことごとく往生をとぐべし。さらにうたがいをなす事なかれ。いましばらく自法につきてこれをいわば、まさにいま定善の観門は、かずかずにつらなりて十三あり。散善の業因は、まちまちにわかれて九品なり。その定善の門にいらんとすれば、すなわち意馬あれて六塵の境にはす、かの散善の門にのぞまんとすれば、又心猿あそんで十悪のえだにうつる。かれをしずめんとすれどもえず、これをとどめんとすれどもあたわず。

80

いま*下三品の業因を見れば、❶十悪五逆の衆生、臨終に善知識にあいて、一声十声阿弥陀仏の名号をとなえて、往生すとかれたり。これなんぞわれらが分にあらざらんや。

【登山状・昭法全四二〇】

❶『観無量寿経』浄全一・五〇／聖典一・一九〇

五種の*正行の中に観察正行がありますが、これは『観無量寿経』に説かれる、極楽のありさまや仏さまのお姿を十三通りに、心を清らかに研ぎ澄ませてありありと想い描く行とは異なります。散り乱れる心でお念仏を称える者が、そうした心のままで極楽のありさまや仏さまのお姿を想って憧れ慕う心のことなのです。

❶五種の正行の中の観察門の事は、十三の定善にはあらず。散心念仏の行者の極楽の有様の相を像りて欣慕なる心なり。

【三心料簡および御法語・昭法全四四九】

❶『観経疏』散善義巻第四　浄全二・五八下／二・一二五

第二節　称名念仏——ただひたすらに

81

「この私ごときなど、やはり戒・定・慧の三学に堪えうる器ではない。三学のほかにこの愚かな私の心にみあう教えははたしてあるのだろうか。この私にも堪えうる修行はあるのだろうか」と、多くの*智慧ある賢者を探し求め、さまざまな学者を訪ねましたが、そうしたことを教えることができる人もなく、助言してくれる仲間もおりませんでした。

そうこうして、嘆きながらも経典の蔵にこもり、悲しみにくれながらも経典に向かい、一々隅々まで自らひもといていました。すると、*善導大師の『観経疏』にある「ただひたすらに心をよせて阿弥陀仏の名号を称え、歩いていても止まっていても、座っていても横になっていても、いついかなる時も、また時間の長い短いにかかわらず、常にこれを相続することを『阿弥陀仏が選定*され往生が定まった行』、すなわち*正定の業と名付ける。なぜなら、阿弥陀仏の本願に適った行だからである」との御文を目の当たりにしました。

それ以後、私たちのような無智の者は、ひとえにただその御文を仰ぎ、ひたすらその道理をたのみに、常にお念仏を相続して勤め、必ず極楽往生を遂げるよう備えるべきと思い定めたのです。それはただ善導大師の教えを信じるというだけではなく、さらに阿弥陀さまの大いなる誓願にまさに順うことだからです。「(念仏は)阿弥陀仏の本願に適った行だからである」との一文が、深くこの胸に染みわたり、心の底に響きわたったのでした。

ここにわがごときは、すでに戒定慧の三学のうつわ物にあらず、この三学のほかにわが心に相応する法門ありや。わが身にたえたる修行やあると、よろずの智者にもとめ、もろもろの学者にとぶらいしに、おしうる人もなく、しめすともがらもなし。しかるあいだ、なげきなげき経蔵にいり、かなしみかなしみ聖教にむかいて、てずから身ずからひらきて見しに、善導和尚の観経の疏にいわく、❶一心に専ら弥陀の名号を念じて、行住坐臥に時節の久近を問わず、念々に捨てざる者、是を正定の業と名づく、彼の仏の願に順ずるが故にという文を見えてのち、われらがごとくの無智の身は、ひとえにこの文をあおぎ、もはらこのことわりをたのみて、念々に捨てざるの称名を修して、決定往生の業因にそのうべし。ただ善導の遺教を信ずるのみにあらず、又あつく弥陀の*弘願に順ぜり。彼の仏の願に順ずるが故にの文ふかくたましいにそみ、心にとどめたるなり。

【聖光上人伝説の詞　其二・昭法全四六〇】

❶『観経疏』散善義巻第四　浄全二・五八下／聖典二・二二六

法然上人が常々人々に向かって読み上げていらっしゃった経文の中に、『観無量寿経』の「仏は阿難に告げられた。『汝、よくよくこのみ名を胸に刻み、後の世に伝えなさい。つまり、無量寿仏のみ名を記憶して、伝えるのである』と」という一節がありました。そして上人は「阿弥陀さまのお名号を聞いたとしても、念仏往生を信じなければ聞かないのと同じことです。たとえ信じるといっても、お念仏を称(とな)えなければ信じていないも同然です。ただいつもお念仏を称えなさい」と語り聞かせていらっしゃいました。

上人つねに人々にもむかいて唱え給える文に云わく、❶仏阿難に告げたまわく、汝好(よ)く是(こ)の語を持(たも)て、是の語を持てとは、即ち是(これ)無量寿仏の名を持てとなりと。云云。上人かたり給える詞(ことば)には、名号をきくというとも、信ぜずば聞かざるが如し。たとえ信ずと云うとも、唱えずば信ぜざるが如し。只つねに念仏すべしと。
【常に仰せられける御詞　其二・昭法全四九〇】

❶『観無量寿経』浄全一・五一／聖典一・一九三

82-2

❶仏(ほとけ)阿難(あなん)に告げたまわく、汝好(よ)く是(こ)の語を持(たも)て、是の語を持てとは、即ち是無量寿仏(これむりょうじゅぶつ)の名を持てとなりといえり。名号(みょうごう)をきくというとも信ぜずば、きかざるがごとし、たとい信ずというとも、となえずば信ぜざるがごとし。ただつねに念仏すべきなり。
【つねに仰られける御詞・昭法全四九四】

『阿弥陀経』の「一心不乱」のことについて。

「一心」とは、何に心を一つにするかといえば、ひたすらお念仏を称えることで阿弥陀さまの御心と私の心とが一つになるのです。それは、*天台大師智顗の『浄土十疑論』に説かれている通りです。世間でいうなら、恋する人の想いを、恋い慕われている人が受けとめ、互いの心がぴたりと合って、必ずその恋が成就するようなものです。恋する人というのは阿弥陀さまのこと、恋い慕われている人というのは私たち衆生を指します。ひたすら阿弥陀さまに心を向ければ、速やかに阿弥陀さまの御心と一つになるのです。ですから「一心不乱」というのです。その『阿弥陀経』に指摘された「念仏以外の、*功徳の少ない雑多な善行」を修めようなどとは思わないことです。

阿弥陀経の❶一心不乱の事。

一心とは、何事に心を一つにするぞと云うに、一向に念仏申すは阿弥陀仏

❶前出に同じ

の心と我が心と一つに成るなり。天台の❷十疑論に云うが如し。世間に慕する人、よく慕(こい)する者を受けて機念相い投じて必ず其(そ)の事を成(じょう)ずるが如し。慕する人とは阿弥陀仏なり、恋せらるる者とは我等なり。既に心を一向(いっこう)阿弥陀に発(おこ)せば、早く仏の心と一つに成るなり。故に一心不乱と云う。上(かみ)の❸*少善根福徳因縁(しょうぜんごんふくとくいんねん)に念(おもい)をうつさぬなり。

【三心料簡および御法語・昭法全四五二】

❶『阿弥陀経』浄全一・五四／聖典一・二〇二
❷『浄土十疑論』浄全六・五七四下
❸『阿弥陀経』浄全一・五三／聖典一・二〇二

84

私、源空(げんくう)もお念仏を称(とな)える他に、毎日、『阿弥陀経(あみだきょう)』を三遍読誦(どくじゅ)しておりました。すなわち一回は漢音で、一回は*呉音で、一回は*訓読でです。けれども、この『阿弥陀経』の肝要は「ひたすら念仏を称(とな)えよ」と説く点にありますので、今はもう『阿弥陀経』は一遍も読誦しておりません。ただひたすらお念仏を称えているばかりです。

85

源空も念仏のほかに、毎日に阿弥陀経を三巻よみ候いき。一巻は唐*、一巻は呉、一巻は訓なり。しかるを、この経に詮ずるところ、ただ念仏申せとこそとかれて候えば、いまは一巻もよみ候わず。一向念仏を申し候なり。

【隆寛律師伝説の詞　其一・昭法全四六四】

ある人が「静めた心に阿弥陀仏のお姿や極楽浄土の荘厳を想い描く観察の行は、『観無量寿経』の説くところです。たとえ称名念仏の行者であっても、そうした観察の行を修めるべきでしょうか、いかがでありましょう」と質問しました。それに対し法然上人は「私、源空もはじめはこうした無益*なことをいたしましたが、今はしておりません。ただひたすら阿弥陀さまの本願を信じてお念仏を称えるばかりです」とお答えになりました。

ある人問うていわく、色相観は観経の説なり。たとい称名の行人なりというとも、これを観ずべく候か、いかん。上人答えての給わく、源空もはじめはさるいたずら事をしたりき。いまはしからず、但信の称名なりと。

86

ある時、九州から訪れた修行者が法然上人（ほうねんしょうにん）に「お念仏を称（とな）える時、静めた心に仏さまのお姿を想い浮かべなさいといいますが、いかがなものでしょうか」と質問しました。すると、上人がまだ何も仰せにならないうちに、傍らにいた弟子が「そのようにすべきです」と答えました。

しかし上人は「私はそうは思いません。*善導大師（ぜんどうだいし）は『もし私（*法蔵菩薩（ほうぞうぼさつ））が仏となったとき、あらゆる世界の衆生（しゅじょう）が、我が名を称えることわずか十遍であったとしても、もし往生しないことがあるならば、決して仏とはならない、と誓われた。その阿弥陀仏（あみだぶつ）は今現に極楽にいらっしゃり、仏となられている。まさに知るがよい、仏となる前に誓われた慈悲深い願は確かに叶えられていることを。衆生が念仏すれば必ず往生できるのである』と解釈され、私も、ただそのように思うばかりです。この私ごとき分際で、心を静めて仏さまのお姿を想い浮かべたところで、経典に描かれた通りに想い浮かべることなどでき得ません。阿弥陀さまの*本願に心底（しんそこ）おすがりし、口に南無阿弥陀仏と称える、ただこのことこそが、唯一かりそめでない行なのです」とおっしゃいました。修行者はその言葉に心救われ、帰っていきました。

或る時、鎮西より来たれる修行者、上人に問い奉りて云わく。称名の時、心を仏の*相好に係くる事は、如何様にか候べき。上人、いまだ言説せざる前に傍らの弟子、然るべし。云云。上人云わく。源空は然らず、唯、❶若し我れ成仏せんに、*十方の衆生、我が名号を称して、下十声に至るまで、若し生ぜずんば正覚を取らじ。彼の仏、今、現に世に在して成仏したまえり。まさに知るべし、本誓の重願虚しからず、衆生称念すれば必ず往生を得と思う許なり。我が分際を以て仏の相好を観ずとも、さらに如説の観にあらず。深く本願を憑みて口に名号を唱うる。唯是の一事のみ、仮令の行にあらざるなり。修行者、悦びで退出し畢ぬ。

【一期物語・昭法全四四二】

(↓類似法語・③56参照)

❶『往生礼讃』浄全四・三七六上

87

ただ、*善導大師の「衆生が念仏を称えれば必ず往生が叶う」との御文をたよりに、名号をお称えするのです。私たちのような劣った*凡夫が、てんでんに身のほどのまま、静めた心で仏さまのお姿やお浄土の様子を想い描いてみなさい。経典に説かれる通りに想像し得るはずなどありません。名号をお称えすることだけが、唯一かりそめではない行なのです。

❶只衆生称念すれば必ず往生を得の文をたのみて名号を唱うなり。我等が分際にて観念すべし。如説なるべからず、称名の一事仮令ならざる行なり。

【称名の一行を勧むる御詞・昭法全四八二】

❶『往生礼讃』浄全四・三七六上

88

往生のための正しき行業、これが称名念仏であるということは、*善導大師のご解釈によって明らかです。また、往生は*智慧のある、なしにかかわらないということも明らかにされています。だからこそ、往生のためには称名念仏で事足りるのです。もし自ら仏法を学ぼうと思うのであれば、ひたすらお念仏して往生を遂げるにまさるものはありません。

阿弥陀さま・観音さま・勢至さまにお会いする時、いったいどのような御教えが修められないというのでしょうか。かの極楽浄土の美しい荘厳は、昼夜、朝夕に心の奥底に響く深い教えを説いています。往生したあかつきには仏さまにお目にかかって御教えを聞くのだと心待ちにすべきです。念仏往生の教えを理解できていないうちは、これを学ぶべきです。もしこの教えが理解できたならば、いかほどの成果も見込めない仏法の智慧を求めようとして、かえって称名念仏の暇を妨げることなどなくなるものです。

往生の*正業、是称名と云う事、釈文分明なり。有智無智を簡ばずと云う事、又顕然なり。しかれば往生の為には称名足るとなし、若し学問を好まんと欲さば、一向に念仏して往生を遂ぐべきには如かず。弥陀・観音・勢至に値い奉る時、何れの法門か達せざる。彼の国の荘厳、昼夜朝暮に甚深の法を説く。其の時の見仏聞法を期すべきなり。念仏往生の旨を知らざるの程、之を学すべし。若し之を知らば、幾ならざる智恵を求めて、称名の暇を嫌わざるなり。
【一期物語・昭法全四四三】
（→類似法語・③58参照）

89

かの高僧、*恵心僧都源信の記された『往生要集』を拝見すると「浄土へ往生するための行には念仏を根本とする」とあり、また同じく『妙行業記』の御文を拝見すると「浄土へ往生するための行には念仏を最優先とする」とあります。

恵心の先徳の往生要集をひらくに、往生の業には念仏を本とすといい、又恵心の❶妙行業記の文をみるに、往生の業には念仏を先とすといえり。
【聖光上人伝説の詞　其三・昭法全四六〇】

❶『蓮門類聚経籍録』巻下（大日本仏教全書一・四一六）には源信作としてその書名を挙げるが、現存しない。

90

阿弥陀さまの*本願を心から信じることのない人は、他のいかなる教えを前にしても信仰するまでには至らないものです。だからこそくれぐれも、ただひたすらお念仏する教えを信じて、他の教えに心を移すことなく、昼となく夜となく、朝となく晩となく、歩いている時も止まっている時も、座っている時も横になっている時も、怠ることなくお念仏を称えるべきです。

弥陀のちかいに、信をいたさざらん人は、また他の法文をも信仰するにおよばず。しかれば返す返すも、一向専修の念仏に信をいたして、他のころなく、日夜朝暮、行住坐臥に、おこたる事なく称念すべきなり。

【念仏大意・昭法全四一四】

91

*善導大師の『往生礼讃』に説かれる「*専修・*雑修の文」などにも、「*雑行を修める者が往生を遂げることは、一万人に一人か二人でさえ難しい。それに対して、お念仏をひたすら称える者は百人いれば百人すべて往生が叶う」と説かれています。こうしたお示しの意図は、何事につけてもその道に入ったならば、ただひたすらにそれを励んで、他に心を移してはいけないからなのです。

善導の往生礼讃このなかの、専修雑修の文等にも、❶雑修のものは往生をとぐる事、万が中に一、二なおかたし、専修のものは百に百ながら生るといえり。これらすなわち、なに事もその門にいりなんには、一向にもはら他のこころあるべからざるゆえなり。

【念仏大意・昭法全四〇七】

❶『往生礼讃』浄全四・三五六下

高い山の、人の行き来を妨げる岩を前にして、力量のない者が、石の角や木の根に取りすがって登ろうと努力するのは、*雑行を修めて極楽往生を願うようなものです。それに対して、その人を引き上げようと、山の峰から力のある人が綱をおろし、それにすがって登ろうとするのは、阿弥陀さまの*本願のお力を深く信じて、ただひたすらにお念仏を称えて往生を願うようなものです。

たかき山の、人かようべくもなからん巌石を、ちからたえざらんもの、石のかど木のねにとりすがりてのぼらんとはげまんは、雑行を修して往生をねがわんがごときなり。かの山のみねより、つよき人の引き上げんとてつなをおろしたらんに、すがりてのぼらんは、弥陀の願力をふかく信じて、一向に念仏をつとめて、往生せんがごときなるべし。
【念仏大意・昭法全四〇八】

「念仏以外の修行も本来は修めるべきではあるが、私は修めない」と思うようなら、これは「もっぱらに念仏を称える心」といえます。念仏以外の修行も勝れてはいるけれども、自分にはとても出来そうもないと思うのであれば、修めはしなくても、これは「雑行の心」ということになります。

余行はしつべけれども、せずと思わば専修の心なり。余行は目出たけれども身にかなわねばえせずと思わば、修せねども雑行の心なり。
【三心料簡および御法語・昭法全四五〇】

乱れきった*末法の世に生きる衆生が、どうしてむやみに*雑修を好んで行ずることがありましょうか。私たちは、ただすみやかに阿弥陀さまの*本願、お釈迦さまの御教え、*道綽禅師や*善導大師のお示しを心得るのであれば、*雑行を修めて極楽への往生という実りに不安を感じるよりは、専らにお念仏を称えて、極楽往生という願いを揺るぎなくすべきです。

> 末法の衆生、なんぞあながちに雑修をこのまんや。ただすみやかに弥陀如来の願、釈迦如来の説、道綽・善導の釈をまもるに、雑行を修して極楽の果を不定に存ぜんよりは、*専修の業を行じて、往生ののぞみを決定すべきなり。
>
> 【念仏大意・昭法全四一〇】

「わずか一遍の念仏ぐらいでは往生などおぼつかない」と思う者は、称えるお念仏の一遍一遍が不信のお念仏になってしまうことでしょう。なぜなら、*阿弥陀さまが、一遍称えるお念仏に一度の往生を叶える*功徳を込めて建てられた本願なのですから、一遍一遍のお念仏ごとが往生を叶えるはたらきとなるのです。

95-2

一念を不定におもうものは、念々の念仏ごとに不信の念仏になるなり。そのゆえは、阿弥陀仏は、一念に一度の往生をあておき給える願なれば、念々ごとに往生の業となるなり。

【禅勝房にしめす御詞・昭法全四六四】

一念を不定におもうは、念々の念仏ごとに不信の念仏になるなり。其の故は、あみだ仏は一念に一度の往生をあておき給える願なれば念ごとに往生の業となるなり。

【つねに仰せられける御詞・昭法全四九二】

96

阿弥陀さまが本願*に誓われたお念仏は、ただそれだけを独立させて、（往生のためには）その他に何の「助け」も添える必要などありません。お念仏の他に「助け」を加える人は、同じ極楽とはいえ辺境の地に生まれるのです。この「助け」というのは、*智慧や、戒律を守ることや、さとりを求めようとする心や、慈悲の心などがそれに当たります。

それに対して、善人は善人のままお念仏を称え、悪人*は悪人のままお念仏を称え、ただありのままに素直にお念仏を称える人のことを「念仏の他に助けを添えない（人）」というのです。そうはいっても、自身の悪行を悔い改め、善人となってお念仏を称えようとする人は阿弥陀さまの御心に適っているに違いありません。往生など叶わないだろうからと、「ああだろう、こうだろう」と思い悩み、往生は必ず叶うとの確信の発らない人は、往生が定まらない人となります。

本願の念仏には、ひとりだちをせさせて助をささぬなり。助さす程の人は、極楽の辺地にうまる。助と申すは、智慧をも助にさし、持戒をも助にさし、*道心をも助にさし、慈悲をも助にさすなり。それに善人は善人ながら念仏し、悪人は悪人ながら念仏して、ただうまれつきのままにて念仏する人を、念仏に助ささぬとは申すなり。さりながらも、悪をあらためて善人となりて念仏せん人は、ほとけの御心にかのうべし。かなわぬ物ゆえに、とあらんかからんとおもいて、決定心おこらぬ人は、往生不定の人なるべし。

【禅勝房伝説の詞・昭法全四六二】

96-2

*本願の念仏には、ひとりだちをせさせて、すけをささぬなり。すけという

は、*智慧をもすけにさし、持戒をもすけにさし、*道心をもすけにさし、慈悲をもすけにさすなり。善人は善人ながら念仏し、*悪人は悪人ながら念仏して、ただうまれつきのままにて念仏する人を、念仏にすけささぬとはいうなり。さりながら悪をあらため、善人となりて念仏せん人は、仏の御心に叶うべし。かなわぬ物ゆえに、とあらんかからんと思いて、決定心おこらぬ人は往生不定の人なるべし。

【つねに仰せられける御詞・昭法全四九三】

97

*善導大師の御解釈を拝見いたしますと、私（法然）の目には、至誠心・深心・廻向発願心の*三心も、礼拝・讃歎・作願・観察・*廻向の*五念門も、恭敬修・無余修・無間修・長時修の*四修も、すべて「南無阿弥陀仏」と見えるのです。

善導の御釈を拝見するに、源空が目には、三心も、五念も、四修も、皆倶に南無阿弥陀仏と見ゆるなり。

【つねに仰せられける御詞・昭法全四九三】

97-2

私（法然）の目には、至誠心・深心・廻向発願心の三心も「南無阿弥陀仏」、礼拝・讃歎・作願・観察・廻向の五念門も「南無阿弥陀仏」、恭敬修・無余修・無間修・長時修の四修も「南無阿弥陀仏」、すべて、そう映ります。

源空の目には、三心も南無阿弥陀仏、五念も南無阿弥陀仏、四修も南無阿弥陀仏なり。

【聖光上人伝説の詞　其二・昭法全四五九】

第三節　時と人に適い——時機相応の教え

98

悪事のはびこる末法の世に生きる衆生が、浄土への往生を志すにあたっては、お念仏以外の行を修めるなど考えられません。ただ善導大師のお示しにしたがって、ひたすらお念仏を修めて往生を願う法門に帰入すべきです。

末代悪世(まつだいあくせ)の衆生の往生のこころざしをいたさんにおきては、また他(た)のつとめあるべからず。ただ善導の釈につきて一向(いっこう)*専修(せんじゅ)の念仏門にいるべきなり。

【念仏大意・昭法全四〇五】

99

心の底から浄土への往生を願い、その深い志(こころざし)を貫き通す人は少ないものです。(しかし、皆にそうあってほしいので)まず次に述べる道理をしっかりと心得なければいけません。*天台宗(てんだいしゅう)や*法相宗(ほっそうしゅう)をはじめ諸宗で依りどころとするすべての経典や論疏(ろんしょ)などの尊い教えも、そこに説かれる行を修めれば、どれ一つとして空(むな)しい結果に終わるはずがありません。ただしかしながら、仏道を修行するにはしっかりとわが身を省み、今の世の相(すがた)を見据(みす)えるべきでありましょう。

お釈迦さまの入滅後、千五百年以上たってもまだ教えが息きづいている五百年間でさえ、*智慧(ちえ)を磨(みが)いて煩悩(ぼんのう)を断つことなど難しく、また、心の澄みきったゆるぎない境地に至ることも難しかったのです。ですから、多くの人がお念仏の教えに帰入しました。すなわち*道綽禅師(どうしゃくぜんじ)や*善導大師(ぜんどうだいし)など、浄土宗で聖人(しょうにん)として崇(あが)めているお方がそうであり、まさにその時代を生きた方なのです。

言うまでもなく今日は、さらにそれに続く五百年間、争いの多い闘諍堅固の時代です。お念仏以外の行をまっとうすることなど、なおさらできようはずもありません。それだけではなく、お念仏については、*末法が過ぎすべての教えが滅び去る時代になっても、なお往生の利益が得られるのです。まして今の時代は、一万年続くという末法がまだはじまったばかりですからなおさらです。たとえ一遍であったとしても、お念仏を称えれば、どうして往生を遂げられないことなどありましょうか。

まことしく往生浄土のねがい、ふかきこころをもはらにする人、ありがたきゆえか、まずこの道理をよくよくこころうべきなり。すべて天台・法相の経論・聖教も、そのつとめをいたさんに、ひとつとしてあだなるべきにはあらず。ただし仏道修行は、よくよく身をはかり、時をはかるべきなり。仏の滅後*第四の五百年にだに、智慧をみがき煩悩を断ずる事かたく、こころをすまして禅定をえん事かたきゆえに、人おおく念仏門にいりけり。すなわち道綽・善導等の浄土宗の聖人、この時の人なり。いわんやこのごろは、第五の五百年、闘諍堅固の時なり、他の行法さらに成就せん事かたし。

100

しかのみならず、念仏におきては、末法ののちなお利益あるべし、いわんやいまの世は末法万年のはじめなり。一念弥陀を念ぜんに、なんぞ往生をとげざらんや。

【念仏大意・昭法全四〇五】

*法相宗においては、もっぱらお念仏を称える教えには、ことさら関心はないだろうと考えておりましたが、法相宗の祖、*慈恩大師の『西方要決』には「*末法の一万年が過ぎ、あらゆる経典がことごとく滅してしまっても、阿弥陀仏を説く『無量寿経』だけは人々を救い、その*功徳は増すばかりである」と解釈なされています。

法相宗におきては、*専修念仏門、ことに信向せざるかと存ずるところに、慈恩大師の西方要決に云わく、❶末法万年に余経悉く滅し、弥陀一教のみ物を利するに偏に増すと釈したまえり。

【念仏大意・昭法全四一〇】

❶『西方要決』　浄全六・六〇三下

101

時は流れ末法となった今、身に堪えようもない、心の澄みきったゆるぎない境地を目指す禅の行や、物事をありのままに見つめる智慧を究めることよりも、今すぐ尊い利益をこの身にいただけ、しかも、数多くの仏さまにより往生が叶うと証明された阿弥陀さまのお名号を称えるべきです。

時もすぎ、身にもことうまじからん禅定・智慧を修せんよりは、利益現在にして、しかもそこばくの仏たちの証誠したまえる弥陀の名号を称念すべきなり。

【念仏大意・昭法全四〇六】

102

『阿弥陀経』に説かれる「善男子善女人」について。

（私たちは）日々、南無阿弥陀仏とお名号を称え続ける身となればこそ、「善男子善女人」と言われるのです。『観無量寿経』の中で、一生涯、繰り返し十悪を犯し続けたような下品上生の凡夫でさえ、まさに臨終に、一声お念仏を称えたことによって「善男子」と讃えられているとおりです。阿弥陀さまのお救いは、まさにこの*五濁はびこる時代に生きる衆生に向けられているのです。救いの対象について*善導大師は、『観念法門』の中で『阿弥陀経』のこの一節を解釈して、「(善男子善女人とは)釈尊のまします時代であっても、もしくは亡くなられた以後の時代であっても、罪を造れるすべての凡夫のことである」とお示しです。これらのことを思い合わせて考えるべきです。


阿弥陀経❶の善男子善女人の事。

此は名号を執持する身と成るが故に、善男子善女人と云うなり。下品上生に、❷一生十悪の凡夫の最後の一称の時、善男子と讃ぜらるるが如し。実に本機は五濁悪世悪時の衆生なり。是を以て観念法門に阿弥陀経の今の文を釈して、❸もしは仏の在世、もしは仏の滅後、一切造罪の凡夫という。思い合わすべし。

【三心料簡および御法語　昭法全四五二】

❶『阿弥陀経』浄全一・五四／聖典一・二〇二
❷『観無量寿経』浄全一・四九／聖典一・一八六
❸『観念法門』浄全四・二三五下

仏・法・僧の三宝がみな滅び尽きる時代を迎えても、わずか十遍であってもお念仏を称えればそれで往生が叶うのです。ましてや、現に三宝が広まっている今の世に生まれ、五逆という重い罪など犯していない私たちなのですから、阿弥陀さまのお名号を称えれば往生するということを疑ってはなりません。

三宝滅尽の時なりというとも、十念すればまた往生す、いかにいわんや、三宝流行の世に生まれて、五逆をもつくらざるわれら、弥陀の名号を称念せんに、往生うたごうべからず。

【浄土宗大意・昭法全四七二】

第五章　信——心のあり方

104

第一節　信を発す

世の人々は皆、それぞれ理由があって仏道に志をたてるものです。たとえば、父母兄弟と別れてしまったり、妻子や親友と離ればなれになってしまった、といったことです。ところがこの私（源空）は、それほどの理由もないまま、文字どおり「法爾法然（あるがままに、自然に）」のごとく志をたてたので、お師匠さま（叡空）は「法然」という名を授けて下さったのです。

世の人はみな因縁ありて*道心をばおこすなり、いわゆる父母兄弟にわかれ、妻子朋友にはなるる等なり。しかるに源空は、させる因縁もなくして法爾法然と道心をおこすがゆえに、師匠、名をさずけて法然となづけ給いしなり。

【聖光上人伝説の詞　其三・昭法全四五九】

105

お念仏を称える時、心に思うべきありさまは、例えていうなら、頼るべき人の膝にすがり揺さぶって「どうか、どうか、お助けください」と懇願するようなものです。

称名の時に心に思うべきようは、人の膝などをひきはたらかして、や、たすけ給えと云う定なるべし。【つねに仰せられける御詞・昭法全四九五】

106

私自身が*生死を繰り返すこの迷いの世界を離れようとするにあたって、少しばかり心に思い定めていることがあります。それは、ただ早く極楽往生を遂げようとの願いです。

自身が為には聊か思い定めたる旨有りて、只早く往生極楽を遂げんとなり。【一期物語・昭法全四三八】

（↓類似法語・③18参照）

107

幅一丈（一尺の十倍＝約三メートル）の堀を飛び越えようとする人は、一丈五尺を飛び越えようと励むべきです。同じように、極楽浄土に往生しようと願う人は、必ず往生するのだと思い定めて励むべきなのです。その思いをゆるめては、往生は決して叶いません。

一丈のほりをこえんとおもわん人は、一丈五尺をこえんとはげむべし。往生を期せん人は、決定の信をとりてあいはげむべきなり。ゆるくしてはかのうべからず。

【聖光上人伝説の詞・昭法全四五八】

107-2

一丈のほりをこえんと思わん人は、一丈五尺をこえんとはげむべし。往生を期せん人は、決定の信をとりてあいはげむべきなり。

【つねに仰せられける御詞・昭法全四九五】

108

人の手から物をいただこうとする場合、もういただいたと思うのと、まだいただいていないと思うのと、どちらが勝れているでしょうか。この源空は、すでにもう（往生を）頂戴したとの思いで、お念仏を称えております。

人の手より物をえんずるに、すでに得たらんと、いまだ得ざるといずれか勝るべき。源空はすでに得たる心地にて念仏は申すなり。

【つねに仰せられける御詞・昭法全四九五】

109

ある時、法然上人が「今生こそ、必ず往生を遂げねばなあ」とおっしゃいました。すると、それを聞いた乗願上人は「お上人ともあろうお方がそのように不安げなことをおっしゃっては、他の者どもはどうしたらよいのでしょうか」と言いました。それに対し法然上人は、声をあげて笑いながら、「命尽きて極楽の蓮の台に乗るまでは、この思いはなくなるまい」とおっしゃいました。

ある時又の給わく、あわれこのたびしおおせばやなと、その時乗願申さ

110

く、上人だにもかように不定げなるおおせの候わんには、ましてその余の人はいかが候べきと。その時上人うちわらいての給わく、蓮台にのらんまでは、いかでかこのおもいはたえ候べきと。

【乗願上人伝説の詞・昭法全四六七】

第二節　信のすがた

一、信をそなえる

『観無量寿経』には、「極楽浄土に往生したいと願う者は、三種の心を発したならば往生できる。三種とは一つには至誠心、二つには深心、三つには廻向発願心である。この*三心を具えたものは必ず極楽浄土に往生する」と説かれています。*善導大師の『往生礼讃』は、その三心について解釈を施した後、「三心を具えれば必ず往生が叶う。もし三心の一つでも揃わなければ往生は叶わない」と記されています。ですから、三心は必ず具えるべきなのです。

観無量寿経には、❶もし衆生有って、彼の国に生ぜんと願ぜば、三種の心を発すべし。即便ち往生す。何等をか三となす、一つには至誠心、二つには深心、三つには廻向発願心、三心を具する者は、必ず彼の国に生ずといえり。礼讃には、三心を釈しおわりて、❷三心を具すれば、必ず往生を得るなり。もし一心をも少けぬれば、即ち生ずることを得ずといえり。しかれば三心を具すべきなり。

【三心義・昭法全四五四】

❶『観無量寿経』浄全一・四六／聖典一・一七六
❷『往生礼讃』浄全四・三五四下

110-2

観無量寿経に、❶もし衆生有って、彼の国に生ぜんと願ぜば、三種の心を発すべし、即便ち往生す、何等をか三とす。一つには至誠心、二つには深心、三つには廻向発願心なり。三心を具する者は必ず彼の国に生ずといえり。往生礼讃に三心を釈し畢りて云わく、❷此の三心を具して必ず往生することを得るなり。もし一心をも少けぬれば、即ち生ずることを得ず。然らば則ちもっとも三心を具すべきなり。

【十七條御法語・昭法全四七〇】

❶『観無量寿経』浄全一・四六／聖典一・一七六
❷『往生礼讃』浄全四・三五四下

111

ただひたすらお念仏を修めて往生を願うには、とりわけ*三心を具えるべきです。三心とは、一つには至誠心、二つには深心、三つには廻向発願心のことです。（中略）この三心がたとえ一つでも揃わなければ、極楽往生を遂げるのは難しいでしょう。

一向*専修には、ことに三心を具すべきなり。三心というは、一つには至誠心、二つには深心、三つには廻向発願心なり。（中略）この三心ひとつもかけぬれば、往生をとげがたし。

【念仏大意・昭法全四〇八】

112

*三心をたやすく具えるありさまとは次のようなものです。「必ず往生するのだ」

と思い定めてお念仏を称えるなかに「誠の心をもって」と教える至誠心がすでに込められているのです。また「阿弥陀さまの本願*に疑いをさしはさまず、必ず往生するのだと思いなさい」と教える深心も、やはり、そうした心でお念仏を称えるなかに込められているのです。また同様に「お念仏を称えるにあたっては、必ず往生するのだと絶え間なく願いなさい」と教える第三の廻向発願心も、そうした心でお念仏を称えるなかに込められているのです。

これらのことから明らかにおわかりでしょう。「必ず往生するのだ」と心を決めて称えるお念仏に、三心はみな納まっているということを。ですから、三心とはどのようなものか習っていない人でも、「必ず往生するのだ」と心を決めて称え続けるならば、三心を具えるのはたやすいことなのです。

> 三心を安く具する様あるなり。決定往生せんずるなりと思い取りて申す念仏は、誠の心を至さんと教うる至誠心も此の心に納まりぬ。又此の阿弥陀仏の本願に疑いを成さず。決定往生すべきぞと思えと教うるに、深心も此の内に納まりぬ。第三の廻向発願心も申したらん念仏を一脈に決定往生せんずるぞと願えと教うるに、廻向発願心も此の内に納まる　なり。明

らかに知んぬ、決定往生せんと思い切りて申す念仏に三心は皆納まるなりと云う事を、去れば習わざる物なれども決定往生せんずるぞと思い切りて申し居る程に三心を具することは安きなり。

【常に仰せられける御詞　其九・昭法全四九二】

113

阿弥陀さまの*他力本願に乗じて往生するのには二つの場合があります。また、往生できないことにも二つの場合があります。往生できないことに二つの場合があるとは、一つには罪を犯す時です。それは「このように罪を犯しては、お念仏を称えても往生など叶うはずもない」と本願を疑った時、往生ができないのです。二つには仏道を究めようとする心（菩提心）を発す時です。それは「同じようにお念仏を称えても、このような菩提心を発して称えるお念仏だからこそ往生は叶うのだ。菩提心がないままお念仏を称えたところで往生など叶うまい」と、菩提心を主、本願を従と思う時、往生ができないのです。

次に、往生するのに二つの場合があるとは、一つには罪を犯した時です。それは「このように罪を犯しては、間違いなく*地獄に堕ちるであろう。しかし、そんな私でも阿弥陀さまの本願に誓われたお名号を称えれば必ず往生が叶うという。なんと嬉しいことだ」と喜ぶ時に、往生は叶うのです。二つには菩提心が発る時です。それは「この菩提心によって往生するのではない。菩提心などというものは、はるか昔の前世から繰り返し発してきたであろうに、いまだに生死を繰り返すこの迷いの世界から離れられないでいる。であればこそ、菩提心の有る無しに関わらず、犯した罪の軽重を問わず、本願に誓われたお念仏をただ称え続ける、その功徳によって往生は叶えられるのだ」と思う時、他力本願に乗じて往生が叶うのです。

> 他力本願に乗ずるに二つあり。乗ぜざるに二つあり。乗ぜざるに二つというは、一つには罪をつくるとき乗ぜず。其の故は、かくのごとく罪をつくれば、念仏申すとも往生不定なりとおもう時に乗ぜず。二つには道心のおこる時乗ぜず。其の故は、おなじく念仏申すとも、かくのごとく道心ありて申さんずる念仏にてこそ往生はせんずれ、無道心にては念仏すともかのうべからずと。道心をさきとして、本願をつぎにおもう時乗ぜざるなり。次に本願に乗ずるに二つの様というは、一つには罪つくる時乗ずるなり。

其の故は、かくのごとく罪をつくれば、決定して地獄におつべし。しかるに本願の名号をとのうれば、決定往生せん事のうれしさよとよろこぶ時に乗ずるなり。二つには道心おこる時乗ずるなり。其の故は、この道心にて往生すべからず。これ程の道心は、無始よりこのかたおこれども、いまだ*生死をはなれず。故に道心の有無を論ぜず、造罪の軽重をいわず。ただ本願の称名を、念々相続せんちからによりてぞ、往生は遂べきとおもう時に、他力本願に乗ずるなり。【つねに仰せられける御詞・昭法全四九四】

もしは「存」、もしは「亡」ということについて。

阿弥陀仏の*本願にあずかることを「存」といい、もれることを「亡」といいます。あずかるにつけても、もれるにつけてもそれぞれ二つの場合があります。それは悪業を造る時と、仏道を究めようとする心（菩提心）を発す時です。「罪を造る時、本願からもれる」とは、「このように悪事を重ねる私などは、仏の御心に背いているに違いない」と卑下して本願からもれてしまうことです。これを「亡」といいます。「菩提心が発るときに本願からもれる」とは、「このように菩提心を発してお念仏すればこそ、仏の御心に適うであろう」と思いあがって、本願からもれてしまうことです。これも「亡」といいます。「罪を造る時でも本願にあずかる」とは、「罪を犯した場合、もしこの本願がなかったならばどうして救われようか。この本願にあずかるからこそ、悪事をはたらいてしまっても往生は必ず叶うのだ」と思うことが、本願にあずかることになるのです。これを「存」といいます。また、「菩提心が発るときにも本願にあずかる」とは、「こうした菩提心は今になって初めて発ったのではない。これまで生まれ変わり死にかわりを繰り返してきた間にも発したことであろう。にもかかわらず、いまだに生死を繰り返す迷いの世界から離れられないのは『菩提心は私を救いはしなかった』ということなのだろう。唯一、阿弥陀さまの本願のお力だけが私を救ってくださるのだから、菩提心が発ると発らないとに関わらず、ただお念仏を称えれば間違いなく浄土に往生できる」と思うことが、本願にあずかることになるのです。これを「存」というのです。

若しは存若しは亡の事。

*本願に乗ずるを存と云い、本願より下るるを亡と云うなり。乗ずるに二つ

の義有り、下るるに二つの義有り。謂わく、悪業を造る時と道心を発す時なり。造罪の時おるるとは、此くの如く悪を造る身なれば、定んで仏意に背くべしと思わば即ちおるるなり。此を亡と云うなり。道心発る時におるるとは、此くの如く*道心発して申す念仏こそ仏意に叶うらめと思うは、即ちおるるにてあるなり。此を亡と云うなり。罪を造る時にも乗じたりとは、罪のつくらるるに付きても、此の本願なからましかばいかがせん。此の本願に乗ずるが故に、悪を造ると雖も決定往生すべしと思うは乗じたるなり。此を存と云う。また道心の発らん時にも乗じたりとは、此くの如きの道心は今に始まらず、我が過去生生にも発しけん。然れども未だ生死を離れざるが故に、知んぬ、道心は我を救わざりけりと。唯仏の願力のみぞ我をば助け候べき。されば道心は有りもせよ無くもあれ、其をば顧みず、唯、すべからく名号を称して浄土に生ずべしと思わば即ち乗じたるなり。此を存と云う。

【三心料簡および御法語・昭法全四五二】

115　師僧から直接教えられることなしに浄土の教えをひもとくならば、往生という

*功徳を見失ってしまいます。その理由は次のようなものです。上は*世親（*天親）菩薩や*龍樹菩薩という祖師方をはじめ、下はこの末世に生きる私たち*凡夫や*十悪*五逆を犯した罪深い者に至るまで、あらゆる人に極楽往生の教えは勧められてきました。にもかかわらず、善人に対して往生をお勧めになった文を見ては、「この自分はもっとも劣った罪深い身であるから……」と、かえって卑下の心をおこし、自身の往生を疑い、命終後、即座の往生が叶わなくなってしまうからなのです。

ですから、善人に対して勧められている教えは善人のためのものであり、*悪人に対して勧められている教えこそがこの私に勧められているのだと受けとめるのです。このように見定めれば、「必ず往生は叶うのだ」という信心は揺るぎないものとなり、阿弥陀さまの*本願に導かれ、命終の後ただちに往生を遂げることができるのです。

> *口伝なくして浄土の法門を見るは、往生の得分を見うしのうなり。其の故は極楽の往生は上は天親・龍樹をすすめ、下は末世の凡夫十悪五逆の罪人まですすめ給えり。しかるをわが身は最下の罪人にて、善人をすすめ給え

る文を見て、卑下の心をおこして、往生を不定（ふじょう）におもいて、*順次（じゅんし）の往生を得ざるなり。しかれば善人をすすめ給えるところをば善人の分と見、*悪人をすすめ給えるところをば我が分とみて得分にするなり。かくのごとく見さだめぬれば、決定（けつじょう）往生の信心かたまりて、本願に乗（じょう）じて順次の往生をとぐるなり。

【つねに仰せられける御詞・昭法全四九二】

（↓類似法語・166参照）

116

ある時、私（*弁阿聖光（べんなしょうこう））が「上人（法然）は*智慧（ちえ）深いお方ですので、私たちが称（とな）えるお念仏よりもすぐれていらっしゃると思われますが、それは間違いでしょうか」と尋ねますと、法然上人は顔色を変えて次のようにお答えになりました。「そんな言い方をなさるものではありません。もし、私がいかにも物知り顔で朗々とお念仏を称えるならば、毎日勤めている六万遍のお念仏は虚しいものとなって、*地獄（じごく）・餓鬼（がき）・畜生（ちくしょう）の境界に堕（お）ちてしまうでしょう。あなたの言うようなことなどまったくないのです」と。そう、きっぱりと断言なされましたので、それ以降、私はいよいよお念仏の信心を固めたのです。

117

ある時問うていわく、上人の御念仏は智者にてましませば、われらが申す念仏にはまさりてぞおわしまし候らんとおもわれ候は、ひが事にて候やらん。その時、上人御気色あしくなりておおせられていわく、さばかり申す事を用い給わぬ事よ、もしわれ申す念仏の様、風情ありて申し候わば、毎日六万遍のつとめむなしくなりて、*三悪道におち候わん、またくさる事候わずと、まさしく御誓言候いしかば、それより弁阿はいよいよ念仏の信心を思いさだめたりき。

【聖光上人伝説の詞・昭法全四五八】

私たちは*烏帽子もかぶれぬ、取るに足らない男です。*十悪を犯すこの法然が、お念仏して往生しようと申しているのです。また、ものの道理に暗い愚か者の法然が、お念仏して往生しようと申しているのです。ですから、*安房の介という、文字の一つも知らないような陰陽師が称えるお念仏と、私が称えるお念仏には何の変わりもないのです。

われらはこれ烏帽子もきざるおとこなり。十悪の法然房が念仏して往生せんといいていたるなり。又愚癡の法然房が念仏して往生せんというなり。安房の介という一文不通の陰陽師が申す念仏と、源空が念仏とまたくかわりめなし。【聖光上人伝説の詞　其一・昭法全四五八】

117-2　我はこれ烏帽子もきざる男なり。十悪の法然房、愚痴の法然房の、念仏して往生せんと云うなり。【つねに仰せられける御詞・昭法全四九三】

117-3　私は、烏帽子もかぶれぬ、取るに足らない僧、法然です。黒白の判別もわからぬ子どものように、物事の是非もわからない無智の者です。ただ、お念仏を称えれば浄土への往生が叶うということを仰ぎ信じているだけなのです。お釈迦さまは「念仏を称えて往生しなさい」とお勧めになり、阿弥陀さまは「念仏を称えよ、されば臨終には迎えに参ろう」とおっしゃっています。このことだけを信じているのであって、そのほかのことは存じ上げません。

118

我は烏帽子もきぬ法然房なり。黒白をも知らざる童子の如く是非も知らざる無智の者なり。只念仏往生を仰ぎて信ず。釈迦は念仏して往生せよと勧めたまい、弥陀は念仏せよ、来迎せんと仰せられたり。此の一事を信じて余事は知らず。

【常に仰せられける御詞　其八・昭法全四九二】

近頃の修行者は、静めた心で極楽の様子や阿弥陀さまのお姿を想い描く修行をする必要などありません。み仏のお姿を心に想い描こうにも、あの名高い仏師、運慶や康慶が彫り上げた仏像よりもはっきりと想い描くことなどできようはずもありません。極楽のあり様を想い描こうにも、現実の桜や梅や桃や李の花や実ほどにはっきりと想い描くことは難しいものです。ただ、*善導大師が、*第十八願について『往生礼讃』の中で「阿弥陀仏は、今現に仏となって西方浄土にましますのだから、その誓いに建てた*本願が虚しかろうはずがない。衆生が阿弥陀仏の名を称えれば、必ず往生が叶うのである」と示されたご解釈を信じ、その本願を深く頼みとしてひたすらお名号を称えるべきです。お名号を称えれば、*三心は自然と具わるものです。

近来の行人観法をなす事なかれ。仏像を観ずとも運慶・康慶がつくりたる仏ほどだにも、観じあらわすべからず。極楽の荘厳を観ずとも、桜梅桃季の花菓ほども、観じあらわさん事かたかるべし。ただ❶彼の仏今現に世に在して成仏したまえり、まさに知るべし本誓の重願虚しからず、衆生称念すれば必ず往生を得の釈を信じて、ふかく*本願をたのみて一向に名号を唱うべし。名号をとのうれば、三心おのずから具足するなり。

【つねに仰せられける御詞・昭法全四九四】

❶『往生礼讃』浄全四・三七六上

近代の行人、観法をもちいるにあたわず。もし仏像等を観ぜんは、運慶・康慶が所造にすぎじ。もし宝樹等を観ぜば、桜梅桃李の花菓等にすぎじ。しかるに❶彼の仏今現に在して成仏したまえり等の釈を信じて、一向に名号を称すべきなりと云う。ただ名号をとのうる、*三心おのずから具足するなり。

【十七條御法語・昭法全四六八】

119 「南無阿弥陀仏」という名号については、別段難しく考える必要はありません。「阿弥陀さま、どうかこの私をお救いください」という言葉と心得て、心には「阿弥陀さま、お救いください」と思い、口には「南無阿弥陀仏」と称えることを「*三心が具わった名号」というのです。

> 南無阿弥陀仏というは、別したる事には思うべからず。阿弥陀ほとけ我をたすけ給えということばと、心えて、心にはあみだほとけ、たすけ給えとおもいて、口には南無阿弥陀仏と唱うるを、三心具足の名号と申すなり。
> 【つねに仰せられける御詞・昭法全四九二】

120 人目を気にして自身を飾り立てることなく、往生の叶うお念仏を称え続ければ、自ずから*三心は具わるのです。例えば、葦の繁った池に十五夜の月が映ってい

❶前出に同じ

る様は、遠くからでは月が映っているようには見えませんが、よくよく近くに寄って見ると、葦の間を分け入って月は映っているのです。（それと同じように）心に煩悩（ぼんのう）という妄念（もうねん）の葦が繁っていようとも、三心という月は我が心に具わるのです。

人目をかざらずして、往生の業（ごう）を相続すれば、自然（じねん）に三心は具足（ぐそく）するなり。たとえば葦のしげきいけに、十五夜の月のやどりたるは、よそにては月やどりたりとも見えねども、よくよくたちよりて見れば、葦間（あしま）をわけてやどるなり。妄念（もうねん）の葦はしげけれども、三心の月はやどるなり。

【乗願上人伝説の詞・昭法全四六七】

121

浄土往生が叶うかどうかは自分の心から占ってみなさい。どう占うのかといえば、お念仏を絶やさず称（とな）えているならば、往生は間違いないと知りなさい。もしお念仏を怠（おこた）りがちであるならば、臨終（りんじゅう）の後、ただちに往生することは叶わないと知りなさい。このように占って自らの心を励まし、*三心（さんじん）が具（そな）わっているか

122

いないかを推し量るべきです。

往生の得否（とくひ）はわが心にうらなえ、その占（うら）の様（よう）は、念仏だにもひまなく申されば往生は決定（けつじょう）としれ。もし疎相（そそう）にならば、*順次（じゅんし）の往生はかのうまじとしれ。この占をしてわが心をはげまし、三心の具すると、具せざるとをもしるべし。

【禅勝房伝説の詞・昭法全四六二】

ある時、ある人が法然上人に「*善導大師（ぜんどうだいし）が阿弥陀さまのご本願*を解釈なされた時、往生を願う心の持ちよう、すなわち*安心（あんじん）を省略なされたのはどういう理由からなのでしょうか」と質問しました。上人は「善導大師の『衆生（しゅじょう）が阿弥陀仏の名号（みょうごう）を称（とな）えれば必ず往生が叶う』とのお言葉を心得れば、自ずから*三心（さんじん）が具（そな）わるのです。こうした道理を明らかにするために、心の持ちようについては略して解釈されているのです」とお答えになりました。

或る時、人問うて云わく、本願を釈するに、安心（あんじん）を略する、何の意か有るや。上人答えて云わく。❶衆生称念すれば必ず往生を得と知るに、自然に三心を具足するなり。此の理を顕さんがために、此くの如く釈するなり。

【一期物語・昭法全四四二】

（↓類似法語・③97参照）

❶『往生礼讃』浄全四・三七六上

123

*智慧のない者にも*三心は具わるということについて。

ただひたむきな心でお念仏を称え、何も疑うことなく往生したいと願うのであれば、それだけで三心は具わるものです。

無智の者も三心具すと云う事。

一向の心にて念仏申して、疑い無く往生せんと思えば、即ち三心は具足するなり。

【三心料簡および御法語・昭法全四四九】

124

*生死を繰り返してきた末に授かったこの命がある間にお念仏を称え、臨終には阿弥陀さまのお迎えにあずかれるとの嬉しさのあまり、躍り上がるほどに歓喜する心が湧き発った人は、自ずと*三心が具わったのだとお心得なさい。お念仏を称えながらも後生を悲嘆する人は、三心が具わっていない人です。もし、いまだに歓喜の心が湧き発らないのでならば、次第にその心が発るように勤めるべきです。また、お念仏を繰り返し続けている人は「自分には三心が具わった」と理解すべきです。

今度の生に念仏して来迎にあずからんうれしさよとおもいて、踊躍歓喜の心のおこりたらん人は、自然に三心は具足したりとしるべし。念仏申しながら後世をなげく人は、三心不具の人なり。もし歓喜する心いまだおこらずば、漸漸によろこびなろうべし。又念仏の相続せられん人は、われ三心具したりとしるべし。

【禅勝房伝説の詞・昭法全四六二】

125

自分に*三心が具わったかどうかを知ることについて。

『無量寿経』に説かれるように、躍り上がるほどの歓喜の心が湧き発ったならば、至誠心・深心・廻向発願心の三心が具わった証とお心得なさい。歓喜とは、浄土への往生は間違いないとの確信を得て湧き発る喜びの心です。往生に確信を持てずに歎くようであれば、まだ三心が具わっていない人ということになります。三心が湧き発っていないために歓喜の心が発らないのです。これはつまり、往生に疑いをかけるために歎きとなるのです。


我が身に三心具せることを知る事。

大経の説の如く、❶歓喜踊躍の心即ち発りたらば、三心具せる瑞と知るべきなり。歓喜とは、往生決定と思う故に喜ぶ心なり。往生を不定に歎く位はいまだ三心を発さざる者なり。三心を発さざるが故に歓喜の心無し、是則ち疑を致すが故に歎くなり。

【三心料簡および御法語・昭法全四五〇】

❶『無量寿経』巻下　浄全一・三五／聖典一・一三四に「彼ノ仏ノ名号ヲ聞クコトヲ得ルコト有テ歓喜踊躍シテ乃至一念センニ（原漢文）」とある。また同じく巻上　浄全一・一三／聖典一・四八には「其レ衆生有テ斯ノ光リニ遇フ者ハ三垢消滅シ身意柔軟

ナリ。歓喜踊躍シテ善心生ズ（原漢文）」とある。

126

『観無量寿経』に説かれる「三心」、『阿弥陀経』に説かれる「一心に乱れることなく」、『無量寿経』の阿弥陀さまの本願成就の文にある「心から信じて喜びに湧く」、同じく流通分の「喜びに湧き、身を踊らせる」などのことばは、すべて第十八念仏往生願で「嘘偽りなく心の底から」と説いているのと同じ心なのです。

観経❶の三心、小経❷の一心不乱、大経の願成就の文❸の信心歓喜と、同じき流通❹の歓喜踊躍と、みなこれ❺至心信楽の心なり。

【十七條御法語・昭法全四六九】

❶『観無量寿経』浄全一・四六／聖典一・一七六
❷『阿弥陀経』浄全一・五四／聖典一・二〇二
❸『無量寿経』巻下　浄全一・一九／聖典一・七〇
❹『無量寿経』巻下　浄全一・三五／聖典一・一三四
❺『無量寿経』巻上　浄全一・七／聖典一・二八

二、誠の心――至誠心

127

至誠心とは真実の心のことです。体で礼拝するにしろ、口でお念仏を称えるにしろ、心の中で阿弥陀さまのお姿を思い描くにしろ、この真実の心をもって実践しなさい。総じて言えば、この穢れた娑婆世界を厭い離れ浄土に往生したいと願って、さまざまな行を修めようとする人は、常にこの真実の心をもって勤めなさい。

至誠心というは、真実の心なり。身に礼拝を行じ、口に名号をとなえ、心に*相好をおもう、みな真実をもちいよ。すべてこれをいうに、穢土をいとい浄土をねがいて、もろもろの行業を修せんもの、みな真実をもてつとむべし。【三心義・昭法全四五五】

127-2

至誠心とは、真実心なり。身に礼拝を行じ、口に名号を唱え、意に相好を想う、皆実心を用いよ。惣じて之を言うに、厭離穢土、忻求浄土、修

128

諸行業、皆真実心を以て之を勤修すべし。【十七條御法語・昭法全四七〇】

往生浄土のための行を修めるにあたって、外見には賢明な善人として努力しているふりをしながら、その実、内心では悪しき怠け心を抱いて勤める行では、昼夜休むことなく励んだとしても往生は叶いません。反対に、外見には悪しく怠けがちな身ではあっても、内心、懸命に励もうとの思いで勤める人は、わずかな時間、ほんの一瞬たりとも、その行の虚しいことはなく、必ず往生が叶うのです。これを至誠心と名づけます。

是を勤修せんに、❶外には賢善精進の相を現じ、内には愚悪懈怠の心をいだきて修するところの行業は、日夜十二時にひまなく、これを行ずとも往生を得ず、外には愚悪懈怠のかたちをあらわして、内には賢善精進のおもいに住してこれを修行するもの、一時一念なりとも、その行むなしからず、かならず往生を得、これを至誠心となづく。【三心義・昭法全四五五】

❶『観経疏』散善義巻第四　浄全二・五五下／聖典二・一一九（趣意）

128-2

❶外に賢善精進の相を現じ、内に愚悪懈怠の心を懐けり、所修の行業、日夜十二時に間なく之を行ずとも、往生を得ず。外に愚悪懈怠の形を顕し、内に賢善精進の念に住して、之を修行せば、一時一念と雖も、其の行虚しからず、必ず往生を得。是を至誠心と名づく。

【十七条御法語・昭法全四七〇】

❶前出に同じ

129

至誠心というのは、他の仏さまを礼拝せず、阿弥陀さまのみを礼拝し、他の行を修めることなく、阿弥陀さまの御名のみを称え、ただひたすらに、ひたむきになることです。

至誠心というは、余仏を礼せず、弥陀を礼し、余行を修せず、弥陀を念じて、もはらにしてもはらならしむるなり。【念仏大意・昭法全四〇九】

真実心とは、お念仏の行者が浄土への往生を願う心です。うわべばかりを取り繕って飾りたてたりなどしない、裏も表もなく自らの行いと合致した心です。煩悩にまみれた虚しい心とは、名誉を求め物欲に溺れる心です。『大品般若経』には、「物欲や名誉欲を捨てよ」とあり、また『大智度論』には、経文のこの箇所を解釈する中に、「まさに煩悩を捨てよ」とあります。これら経論の意趣は、わずか一声や一念であっても煩悩にまみれていては、まことの心を失ってしまうということです。したがって、心とは裏腹に外面を飾りたてたとしても、それはかりそめの姿なのです。たとえ外面が乱れているにしても、内にまことをもって往生を願うのであれば、遂に往生は叶うということです。

真実心というは、行者願往生の心なり。矯飾なく、表裏なき相応の心なり。雑毒虚仮等は、名聞利養の心なり。大品経に云わく、❶利養名聞を捨てよと。

大論に此の文を述するの下に云わく、❷まさに業に雑毒を捨つべしとは、一声一念猶之を具せば、実心の相無きなり、内を翻じて外を矯るは、仮令なり。外相は不法なれども、内心は真実にして往生を願わば、往生を遂ぐべきなり。

【十七條御法語・昭法全四七〇】

❶『摩訶般若波羅蜜経』巻第一　正蔵八・二一七上
❷『大智度論』巻第五（正蔵二五・九八下）に「當棄捨雑毒」とある

131

まずお浄土へは、たとえ善行を積んだとしても、そこに悪しき心が紛れ込んでいては、永久に往生することはできません。（中略）身や口や心に精進を重ねても、知らぬうちに貪りや怒り、邪な考えや偽りなどの毒性が混じり込んでしまうものです。ですから、それらさまざまな行を「雑毒の善」「雑毒の行」と名づけ、「往生はできない」というのです。

まず浄土には悪の雑わる善は永く以て生ずべからざるを知るべし。

（中略）三業に精進して勤むと雖も、内に貪瞋邪偽等の血毒雑わるが故に、❶雑毒の善と名づけ、雑毒の行と名づけて、往生すべからずと云うなり。

【三心料簡および御法語・昭法全四四八】

❶『観経疏』散善義巻第四　浄全二・五五下／聖典二・一一九（趣意）

阿弥陀さまが選び取られた真実とは、*本願のお働き、つまり*正行のお念仏です。このことは*善導大師の『観経疏』玄義分に次のように示されています。「阿弥陀仏の四十八願は、『無量寿経』に説かれているとおりである。善人も*悪人もあらゆる*凡夫の往生が叶うのは、阿弥陀仏の大いなる誓願の力に乗じ、それを増上縁としないものはないからである」と。さらにまた、同じく『観経疏』散善義では「（往生を志す我々衆生に真実の心が求められるのは）阿弥陀仏が、まだ*菩薩として修行していた時、身や口や心で修めたその行は、わずか一瞬たりとも、嘘、偽りのない心で修めたに他ならないからである」とあります。そのように阿弥陀さまが修行時代に嘘、偽りなく修めた行こそは、まったく悪の混じりようがない善であったので真実というのです。このことは何から知ることができるかといえば、それに続いて「およそ、覚りを求めつつ衆生に救いを施す心は、すべて真実である」とあるからです。この、真実をもって施すというのは、いったい誰に施すのかと言えば、深心を二種に解釈した第一に「悪事を働き、迷いの世界にさまよう凡夫」といわれるような私たち衆生に施すのです。つまり、この悪を造る凡夫こそが、阿弥陀さまの真実をたよりにすべき者なのです。なぜ、このように知ることが出来るのでしょうか。それは、続く第二の解釈に「阿弥陀仏は四十八願によってあらゆる衆生を救い摂る」とあるからです。このように心得るべきです。

> 選取せる所の真実とは、本願の*功徳即ち正行念仏なり。是を以て玄義分に云わく、❶弘願と言うは、大経に説くが如し。一切善悪の凡夫、生ずることを得とは、皆阿弥陀仏の大願業力に乗じて、増上縁とせずということなし。云云。是を以て、今の文に❷正しく彼の阿弥陀仏、因中に菩薩行を行じたまいし時、乃至一念一刹那も三業の修せる所、皆是真実心の中に作すに由るべし。云云。阿弥陀仏の因中の真実心の中に作す行こそ、悪の雑わらざる

善なるが故に真実と云うに由るべし。其の義何を以て知ることを得。次の釈に、❸凡そ施為趣求したもう所また皆真実なり。❹此の真実を以て施すとは、何者に施すと云えば、深心の二種の釈の第一に罪悪*生死の凡夫と云える、此の衆生に施すなり。造悪の凡夫、即ち此の真実に由るべきの機なり。いかんが知ることを得。第二の釈に、❺阿弥陀仏、四十八願をもて衆生を摂受したもう等。云云。此くの如く心得べきなり。

【三心料簡および御法語　昭法全四四八】

❶『観経疏』玄義分巻第一　浄全二・二上／聖典二・六
❷『観経疏』散善義巻第四　浄全二・五五下／聖典二・二一〇
❸前出に同じ
❹『観経疏』散善義巻第四　浄全二・五六上／聖典二・二一二
❺前出に同じ

133

必ず往生が叶う人に二通りあります。一つは、身には仏道に適うよう振る舞い、口には日々お念仏を称え、心には阿弥陀さまの*本願を仰ぎ、歩く、止まる、座る、横になる、どんな時、状況にも、俗世から逃れたいとの思いが見受けられ、身や口や心の行いすべてを*生死の迷いの世界から離れ出るために働かせています。外見に賢明な善人として努力を重ねる姿が見えるばかりでなく、心の内にも愚かな思いや怠け心はありません。仏道に適わぬ振る舞いをせず、世渡りにも腐心せず、ねじれた心で自身の物欲にへつらうこともなく、名誉欲にとらわれることもありません。貪り・怒り・邪な心・偽りの心もなければ、悪だくみなど微塵もありません。いかなる煩悩にもまみれず、誤ったことをしません。実に行いを律し、心も堅実に、行いと心に裏表なく、ひたすら往生を願う人がいます。これこそ必ず往生が叶う人なのです。ただし、後生を願う人で、このように申し分なく優れた人は、世も末の今、そうはいないものです。

二つは、外見に貴く立派な姿は見られませんが、心に名誉欲や物欲もなく、*三界という迷いの世界を嫌い厭う思いは心底深く、浄土への往生を願う心は骨の髄まで染みわたり、本願を仰ぎ信じて、胸の内は喜びに満ち、往生を願ってお念仏を怠りません。ただ外見では、世俗にまみれながら日々の暮らしに追われ、家庭にあっては物欲があるようにも見え、妻子とともにいて、その行いは俗世を逃れる振る舞いとはいえません。しかし心の中では、往生の志は片時も忘れられず、迷いの世界を離れ出るに、身と口の行いを心の行いに委(ゆだ)ねているのです。すなわち、世俗の営みも往生の糧(かて)になると理解して、妻子や親族も往生の導き手・同志であると頼りにし、一日一日余命が減るごとに往生が次第に近づいて来たと喜び、生きる力が夜ごとに衰えてきたなら、この迷いの世界からようやく遠ざかれると心得、この命が尽きる時こそ生死の迷いの終焉(しゅうえん)と心得、この肉体を捨てる時こそ、苦しみ悩みの終焉と思い定めるのです。そして臨終(りんじゅう)に至れば、御仏(みほとけ)がそのお姿を大きな扉のような紫の雲に現して来迎(らいこう)されますから、お念仏の行者は「今こそ浄土に参れるぞ」と意を決し、観音(かんのん)さまが乗せてくださる蓮の台(うてな)で足を組み浄土にたどり着くのを待つのです。

そこで、こう思うのです。「往生までのなんと待ち遠しく慌ただしいことか、この命などすぐにでも尽き果ててしまえ。極楽浄土(ごくらくじょうど)のなんと恋しいことか、この命など早く絶えてしまえ。わが心のなんと無念なることか、牢獄(ろうごく)にもたとえられる生死を繰り返す迷いの世界を住処とし、悪に振り回されてしまったことが。わが心のなんと嬉しいことか、都にもたとえられる煩悩なき浄土に帰り着き、すべての迷える者の導き手として仰がれることが」と。この人はこのように心の内に思い留めて忘れることがありません。時には喜ばしいこと、残念なこと、厭わしいこと、面目ないこと、妬ましいことに出くわしますが、こうしたことがあっても、これらはみな、夜明け時分に見る夢のように、はかないこの世のならいと心得て、そうしたことに惑わされず、ますますこの世を厭わしく思うのです。旅の途中で荒れ果てた宿に泊まり、とても夜を明かせない気持ちでいる、そのように傍目には取り立てて後生を願う者には映らなくとも、世間にまみれながらただただ阿弥陀さまの本願にすがって人知れず往生する人がいるのです。このような人こそ、真に後生を願う人なのです。この末法の世と人の愚かさとに適って必ず往生する人なのです。

このような二通りの人の心根を阿弥陀さまは「至心」とお教えになり、お釈迦さまは「至誠心」とお説きになり、善導大師は「真実心」とお示しになられたのです。

決定往生の人に二人のしなあるべし。一つには威儀をそなえ口には念仏を相続し、心には本誓をあおぎて、四威儀のふるまいにつけて遁世の相をあらわし、三業の所作出要にそなえたり。❶外に賢善精進の相あれども内に愚痴懈怠の心なく、行儀をもかかず、渡世をもうかがわず、心かたましくして利養をへつらう事もなく、名聞の思もなく貪瞋邪偽もなく、奸詐百端もなく雑毒のけがれもなく、不可の失もなく、まことに外儀も精進に、内心も賢善に内外相応して一向に往生をねごう人もあり。これ決定往生の人なり。かかる上根の後世者は末代にもまれなるべし。二つには外にとうとくいみじき相をもほどこさず、内に名利の心もなく、三界をふかくうとみていとうこころ肝にそみ、浄土をこいねごう心髄にとおり、*本願を信知して、むねのうちに歓喜し往生をねがいて念仏をおこたらず、外には世間にまじわりて世路をはしり、*在家にともないて利養にかたどり、妻子に随逐して、行儀更に遁世のふるまいならず。しかりといえども、心中には往生の心ざし片時もわすれがたく、身口の二業を意業にゆずり、世路のいとなみを往生の資糧とあてがい、妻子眷属を知識同行とたのみて、よわいの日々にかたぶくをば、往生のようやくちかづくぞとよろこび、命の夜々におとろうるをば、穢土のようやくとおざかるとこころえ、命のおわらん時を*生死のおわりとあてがい、かたちをすてん時を苦悩のおわりと期し、影向を紫のとぼそにたれ、行者はこの時ゆかんと期して結跏を観音の蓮台の上にまつ、このゆえにいそがしきかな往生。とくこの命のはてねかし。こいしきかな極楽。はやくこの命のたえねかし。くやしきかなわが心、生死の人やをすみかとして悪業のためにつかわさるる事。うれしきかなわが心、無為のみやこにかえりゆきて*四生のあるじとあおがれん事。かように心のうちにすまして廃忘する事なく、たとい縁にあえばよろこびもあり、うれえもあり、おしき事もあり、うとましき事もあり、はずかしき事もあり、いとおしき事もあり、ねたき事もあり。かようの事あれども、これは一旦の夢のあいだの穢土のならいくせと心えて、これがためにまぎらわされず、いよいよいとわしく、たびのみちにあれたるやどにとどまりて、あかしかねたる心地して、よそめはとりわき後世者ともしられず、よの中にまぎれて、ただ弥陀の本願にのりてひそかに往生する人あり。これはまことの後世者なるべし。時機相応したる決定往生の人なり。この二人の心だてを弥陀は至心とおしえ、釈迦は至誠心と説き、善導は真実心と釈し給えり。

【配流より上洛の後示されける御詞・昭法全四七八】

❶『観経疏』散善義巻第四　浄全二・五五下／聖典二・一一九（趣意）

134

＊三心のうち、至誠心をさまざまに理解して、「（私たちは＊凡夫であるから）真実の心を発すことなどなおさらできようはずもない」と申す輩などおりましょうか。もしそうであるなら、そうした人は阿弥陀さまの＊本願の御心を履き違え、信心が欠けてしまっているに違いありません。たとえ私たちがどれほどに信心の力を注ごうとも、私どものような悪業を造ってきた凡夫の信心に、往生という願いを叶わせるほどの力が、どうしてあるものでしょうか。ただひたすらに往生の願いを揺るぎなくするからこそ、阿弥陀さまの本願は私たちの理解を越えてもたらされるのです。

自ら往生を遂げるほど信心の力が深く、徳も高いであろう人のために、阿弥陀さまがわざわざ私たちの理解を越えた本願をお誓いになるはずはございません。こうした道理をよく心得て、ただひたすらにお念仏一行を修める教えに心から帰入する人はたいへん尊い方です。

三心の中に、至誠心をようようにこころえて、ことにまことをいたすことを、かたく申しなすともがらも侍るにや。しからば弥陀の本願の本意にもたがいて、信心はかけぬるにてあるべきなり。いかに信力をいたすというとも、かかる造悪の凡夫の身の信力にて、ねがいを成就せんほどの信力は、いかでか侍るべき。ただ一向に往生を決定せんずればこそ、本願の不思議にては侍べけれ。さように信力もふかく、よからん人のためには、かかるあながちに不思議の本願おこしたもうべきにあらず。この道理をば存じながら、まことしく専修念仏の一行にいる人いみじくありがたきなり。

【念仏大意・昭法全四〇九】

135

三、深く信じる心――深心

深心とは、深く信じる心のことです。これに二つあります。一つには「自分は悪業を犯す罪深い不善の身であって、果てしない古の過去から今日まで、地獄・餓鬼・畜生・修羅・人・天の六つの迷いの世界に生まれ変わり死に変わりを繰り返し、浄土への往生など、とても縁のない身である」と自身を省みることです。二つには「罪人とはいえ、阿弥陀さまの*本願のお力をゆるぎない縁として必ず往生が叶うと信じて疑わず、思い迷うことはない」と信じることです。

❶深心というは、ふかく信ずる心なり。これについて二つあり。一つにはわれはこれ罪悪不善の身、無始よりこのかた*六道に*輪廻して、往生の縁なしと信じ、二つには罪人なりといえども、ほとけの願力をもって強縁として、かならず往生を得ん事うたがいなくうらおもいなしと信ず。

【三心義・昭法全四五五】

❶『観経疏』散善義巻第四　浄全二・五六上／聖典二・二二二（趣意）

135-2
❶深心とは、深信の心なり。之に付いて二つ有り。一つには我は是罪悪不善の身、無始より已来*六道に*輪廻して、往生の縁なしと信ず。二つには罪人と雖も、仏願力を以て強縁とすれば往生を得と信ず、疑いなく慮なか

れとなり。

【十七條御法語・昭法全四七〇】

❶前出に同じ

136

深心というのは、阿弥陀さまの本願*を深く信じて、「この私は果てしない過去から今に至るまで悪業を重ねて罪深く、迷いの世界をさまよい続けてきた凡夫*であり、一度としてこの迷いの世界を離れるべき道に出会うことのなかった身である」と見据えることです。（しかし、そんな私たちでも）阿弥陀さまの本願の不思議なおはたらきがあるのですから、そのお名号をひたすらにお称えし、往生を疑う心がなければ、ただ一遍のお念仏に、これから先、八十億劫*という途方もなく永い間、生死*を経巡らねばならない罪の報いを滅することができ、最後臨終の時には、必ず阿弥陀さまのご来迎をいただけるのです。

深心というは、弥陀の本願をふかく信じて、わがみは無始よりこのかた罪悪生死の凡夫、一度として生死をまぬがるべきみちなきを、弥陀の本願不可思議なるによりて、かの名号を一向に称念して、うたがいをなすこころなければ、一念のあいだに、八十億劫の生死のつみを滅して、最後臨終の時、かならず弥陀の来迎にあずかるなり。

【念仏大意・昭法全四〇九】

137

*善導大師は深心を解釈するために、*三心のうち他の二つを解釈されたのです。というのも、お釈迦さまは『観無量寿経』で三心を説くにあたり、行についてはまだ一切触れられませんでした。そこで善導大師は『観経疏』で三心のうちの深心を解釈するにあたり。（お釈迦さまの御心を拝察し）はじめてお念仏の行について明かされたのです。

導和尚深心を釈せんがために、余の二心を釈したもうなり。経の文の三心をみるに一切、行なし、深心の釈にいたりて、はじめて念仏の行をあかすところなり。

【十七条御法語・昭法全四六九】

138

煩悩の薄い厚いを省みることなく、罪の障りの軽い重いにかかわらず、ただ口に「南無阿弥陀仏」と称えて、そのひと声ひと声について必ず往生が叶うと思い定めなさい。

煩悩のうすくあつきをもかえりみず、罪障のかろきおもきをも沙汰せず、ただ口に南無阿弥陀仏と唱えて、声につきて決定往生のおもいをなすべし。

【つねに仰せられける御詞・昭法全四九三】

一遍、十遍のお念仏で阿弥陀さまの浄土に往生するというのは、お釈迦さまの真理のお言葉であり、『観無量寿経』において明言なされたところです。*善導大師は「たとえ十遍や一遍の念仏であろうとも、必ず往生が叶うと信じ、ただの一遍も疑う心がないので深心と名づける」と解釈されています。また「歩いていても止まっていても、座っていても横になっていても、また、念仏を称える年月・時間の長短にかかわらず、片時も忘れることなく称えるならば、それを*正定の業と名づける。彼の阿弥陀仏が*本願に誓われた行だからである」ともおっしゃっています。ですから、信心は一遍のお念仏で往生すると心得、念仏行は一生涯にわたって励みなさい、とお勧めしているのです。

阿弥陀さまの本願を信じ、称えたお念仏の*功徳が積み重なり、お浄土に心寄せる年月が久しいならば、どうして本願のお力を信じないなどと言えましょうか。まったくもって、何の取り柄もない*凡夫が阿弥陀さまのお浄土に往生するには、阿弥陀さまのお力におすがりする以外、いかなる道も閉ざされているのです。

> 一念十念によりてかの国に往生すというは、釈尊の金言なり。❶観経のあきらかなる文なり。*善導和尚の釈にいわく、❷下十声一声等に至るまで定んで往生することを得、乃至一念も疑心有ること無し、故に深心と名ずく、といえり。又いわく、❸行住坐臥に時節の久近を問わず、念々に捨てざる者、是を*正定の業と名ずく、彼の仏の願に順ずるが故に、といえり。しかれば信を一念に生まるととりて、行をば一形にはげむべしとすすむるなり。*弥陀の本願を信じて、❹念仏の功つもり、運心年ひさしくば、なんぞ願力を信ぜずというべきや。すべて薄地の*凡夫、弥陀の浄土にうまれん事、他力にあらずばみな道断えたるべき事なり。
>
> 【登山状・昭法全四二八】

140

「人に縁(よ)って信を確立する」ということについて申しましょう。(中略)もし誰かが、多くの経典や論書を引き合いに出してきて「悪業(あくごう)を犯す罪深い凡夫(*ぼんぶ)は、決して往生など叶わない」と言ったとしましょう。そんなことを聞いたとしてもたじろぐことなく、いよいよ信心を深めなさい。なぜかといえば、罪深い凡夫が浄土に往生するというのは、お釈迦さまの真実の言葉であって、凡夫の空言(そらごと)ではないからです。私(源空(げんくう))は、すでにお釈迦さまの言葉を信じ

❶『観無量寿経』下品下生　浄全一・五〇／聖典一・一九〇

❷『往生礼讃』浄全四・三五四下

❸『観経疏』散善義巻第四　浄全二・五八下／聖典二・一二六

❹『往生要集』「念仏ノ功積モリ運心年深キ者ハ命終ノ時ニ臨ムデ大喜自ラ生ズ（原漢文）」浄全一五・五四下、『往生拾因』「称名絶ヘザレバ必ズ往生ヲ得運心日久シクバ引接何ゾ疑ハン（原漢文）」浄全十五・三七五上

て、心の底から浄土への往生を願っております。

たとえ、多くの仏さまや*菩薩さまがお出ましになって「罪深い凡夫など浄土へ往生できるはずがない」とおっしゃったとしても、これを信じてはなりません。なぜなら、菩薩とは仏さまのお弟子であって、もし真の菩薩であるならば、仏さまのお言葉に背くはずがないからです。そうであるのに、すでにもう、仏さまに背いて「往生できない」とおっしゃるということは、真の菩薩ではないと知られるのです。ですから信じてはなりません、と。

また、仏さまは、皆同じ大慈悲をお持ちであり、真の仏さまならばお釈迦さまのおっしゃることと異なるはずがありません。ですから『阿弥陀経』には「七日ないし一日、阿弥陀仏の名号を称えて必ず浄土に往生する」と説かれていて、これをあらゆる世界の無数の仏さまが、お釈迦さまと同じように真実であると証明されているのです。（中略）以上のように信じることを「人に縁って信を確立する」というのです。

❶ 人に就いて信を立つとは（中略）若し人有って多く経論を引きて、罪悪の凡夫、往生を得ず、此の語を聞くと雖も、退心生ぜず。弥信心を増す。

所以はいかん、罪障の凡夫、浄土に往生するは、釈尊の誠言なり、凡夫の妄説に非ず。我已に仏言を信じて、深く浄土を忻求す、設い諸仏菩薩来りて、罪障の凡夫浄土に生まれずと言うとも、之を信ずべからず。何を以ての故に、菩薩は仏弟子なり、若し実に是菩薩ならば、仏説に乖くべからず。然るに已に仏説に違して、往生を得じと言うとも、知りぬ。真の菩薩に非ずということを。是の故に信ずべからずと。また仏は是同体の大悲なり、実に是仏ならば、釈迦の説に違うべからず。然れば則ち阿弥陀経に説けり、一日七日弥陀仏の名号を念じて、必ず往生を得とは、*六方*恒沙の諸仏、釈迦仏に同じうして、虚しからずと之を証誠したまえり。（中略）是くの如く信ずる、是を人に就いて信を立つと名づく。

【十七條御法語・昭法全四七〇】

❶就人立信については『観経疏』散善義巻第四　浄全二・五七上／聖典二・一二二以下、並びに『選択集』第八章を参照のこと

140-2

❶人につきて信をたつというは、（中略）もし人ありておおく経論をひきて、

罪悪の凡夫往生する事を得じといわん。このことばを聞きて退心をなさず、いよいよ信心を増すべし。ゆえいかんとなれば、罪障の凡夫の浄土に往生すという事は、これ釈尊の誠言なり、凡夫の妄執にあらず。われすでに仏の言を信じてふかく浄土を欣求す。たとい諸仏菩薩きたりて罪障の凡夫浄土にうまるべからずとの給うとも、これを信ずべからず。ゆえいかんとなれば、菩薩は仏の弟子なり、もしま事にこれ菩薩ならば仏説をそむくべからず。しかるにすでに仏説にたがいて往生を得ずとの給う、ま事の菩薩にあらず。又仏はこれ同体の大悲なり、ま事に仏ならば釈迦の説にたごうべからず。しかればすなわち阿弥陀経に、一日七日弥陀の名号を念じて、かならずうまるる事をうととけり。これを六方恒沙の諸仏、釈迦仏におなじく、これを証誠し給えり。（中略）かくのごとく信ずるものをば、就人立信となづく。

【三心義・昭法全四五五】

❶前出に同じ

141

『阿弥陀経』の一説「信じ難い教え」ということについて。

『阿弥陀経』の中で「念仏の教えは信じ難い」とあるのは、罪を造り悪を重ねる*凡夫でさえも、ただお念仏を称えるだけで浄土に往生するという教えなど、人々にはなかなか信じられない、ということを言っているのです。ですから『阿弥陀経』の後半では、お念仏の教えには間違いなどまったくないということを、お釈迦さまや多くの仏さまが切々と証明されているのです。

❶阿弥陀経の難信の法の事。
此は、罪悪の凡夫、但、称名に依りて往生を得と云う事を、衆生信ぜざるなり。之に依りて釈迦・諸仏、切に証誠すと云うなり。

【三心料簡および御法語・昭法全四五二】

❶『阿弥陀経』浄全一・五五／聖典一・二〇九

あらゆる世界に在す仏さまはみな、全世界を覆うほどの舌をお出しになって、念仏往生の教えが真実であることを証明されました。(である以上) このお念仏の教えをいったい誰が信じないというのでしょうか。*善導大師はこのことについて「*化仏や報仏が、お一人、あるいは大勢、あるいはどこを見渡しても満ち溢れるほどに現れ、光を放って輝き、全宇宙を覆い尽くすほどの舌を出して、『この念仏往生の教えはまったくの嘘である』と説かれたとしても、決して一瞬たりとも疑いたじろいではならない」とおっしゃっています。

にもかかわらず、この頃の念仏行者たちは、異なる教えや解釈に影響されて、たやすくこの教えを批判しています。まして、報仏・化仏がおっしゃったとしたならばなおさらでしょう（もっともそれはあり得ないことですが）。いったい、この念仏行を捨ててしまったならば、どのような修行に従えばよろしいのでしょう。*智慧などない私たちには経典を開いたところで理解できるものではありません。財産などない私たちには布施行もままなりません。

> *六方*恒沙の諸仏如来は*舌相を*三千世界にのべたまえり。たれかこれを信ぜざるべきや。善導この信を釈しての給わく、❶化仏・報仏、若しは一、若しは多、乃至*十方に遍じて、ひかりをかがやかし、舌をはきて、あまねく十方におおいて、この事虚妄なりとの給わんにも、畢竟じて一念疑退の心をおこさじとの給えり。しかるをいまの行者たち異学異見のために、たや

すくこれをやぶらる、いかにいわんや報仏・化仏のの給わんをや。そもそもこの行捨てば、いずれのおこないにかおもむき給うべき。智慧なければ聖教をひらくに眼闇し、財宝なければ布施を行ずるにちからなし。

【登山状・昭法全四二九】

❶『観経疏』散善義巻第四　浄全二・五七下／聖典二・二二四

143

苦しくともそれを凌いで後戻りしないならば、これを精進*波羅蜜といいます。昔、インドの波羅奈（ベナレス）国の大施王子が、万里の彼方まで広がる大海原の海水をものともせず、龍王の如意宝珠を手に入れたということです。私たちは今、火の中、水の中に分け入って阿弥陀さまの*本願という宝珠を手にしました。しかし、如意宝珠も龍神の物惜しみから奪い取られ、この本願という宝珠も、異なる教えや理解のために奪われようとしています。大施王子が、貝殻を器に海の水を汲み干そうとしたその時に、六欲天や四禅天の天人が舞い降り、一緒に汲んでくださいました。このように、念仏行者が信仰という手を用い、お念仏に対する疑念・誹謗の災いを汲み干すならば、あらゆる世界の仏さまがやってきて共に汲み干してくださるに違いありません。大施王子は、大海の水がようやく尽きようとしたところで、龍宮の甍が顕になり、龍王から如意宝珠を取り返しました。私たちも、お念仏への疑念や非難という波を悉く汲み尽くせば、念仏を謗る輩の家の甍が顕になり、本願という宝珠を取り返せるはずです。

王子は宝珠を取り返し、地上の困窮する民に慈悲をたれました。私たちも本願という宝珠を取り戻して極楽浄土に往生し、愚かなる衆生を救い導くべきなのです。

願わくは、多くの念仏行者の皆さん、阿弥陀さまの本願という宝珠をいまだ奪い取られていない人は、信ずる心の奥深くにしっかりとお納めなさい。もし、奪い取られてしまった人は、深く信ずる心を手として、すぐさま、疑念・誹謗の波を汲み出しなさい。本願という宝を捨て、何も得ることなく迷いの世界に舞い戻ってはなりません。

　くるしきをしのぎて退せざりしかば、これを精進波羅蜜という。むかしの太子は万里のなみをしのぎて龍王の如意宝珠をえ給えり。いまのわれらは水火をわけて弥陀本願の宝珠をえたり。かれは龍神のくいしがためにうばわれ、これは異学異見のためにうばわる。かれはかいのからをもって大海をくみしかば、*六欲四禅の諸天きたりておなじくくみき。これは信の手をもって疑謗の難をくまば、*六方*恒沙の諸仏きたりてくみし給うべし。かれは大海のみずようやくつきしかば、龍宮の甍あらわれて、如意宝珠を返しとりき。これは疑難のなみことごとくつきなば、謗家の甍あらわれて、本願の宝珠を返しとるべし。かれは返しとりて、閻浮提にして貧窮の民をあはれみき、これは返しとりて極楽にうまれて薄地のともがらをみちびくべし。ねがわくはもろもろの行者、弥陀本願の宝珠をいまだうばいとられざらん者は、ふかく信心のそこにおさめよ、もしすなわちとられたらんものは、すみやかに深信の手をもって、疑謗のなみをくめ。たからをすてて手をむなしくして返る事なかれ。

【登山状・昭法全四二二】

144

お念仏を称える人が十人いるとして、たとえそのうち九人までもが臨終に（阿

弥陀さまの*本願を疑ってしまい）心が乱れて往生できないとしても、この私だけは必ず往生を遂げるのだと思い定めるべきです。

念仏申さんもの十人あらんに、たとい九人は臨終あしくて往生せずとも、我一人は決定して往生すべしとおもうべし。

【つねに仰せられける御詞・昭法全四九五】

144-2

たとい念仏せん物、十人あらんが中に、九人は臨終あしくて往生せずとも、われ一人決定して念仏往生せんとおもうべし。

【禅勝房伝説の詞・昭法全四六二】

145

狩人たちに取り囲まれた鹿であっても、逃げまどっている仲間には目もくれず、追っ手の方へ戻ることなく、自分が向かっている方向へ思いきってまっしぐらに逃げれば、幾重に人が取り囲んでいようとも、必ず逃げきれるものです。このように、阿弥陀さまのお力を深く信じて、何事にもとらわれずひたすら往生を遂げようと思うべきです。

せこにこめたる鹿も、ともに目をかけずして、人かげにかえらず、むかいたる方へ、おもいきりて、まひらににぐれば、いくえ人あれども、かならずにげらるるなり。その定(じょう)に他力をふかく信じて、万事をしらず往生をとげんと思うべきなり。【つねに仰せられける御詞・昭法全四九五】

146

往生は必ず叶うと思えば、叶うものです。叶わないかもしれないと疑っては、叶わないものです。

往生は一定(いちじょう)と思えば一定なり。不定(ふじょう)と思えば不定なり。【つねに仰せられける御詞・昭法全四九五】

147

四、往生を願う心――廻向発願心

*廻向発願心というのは、自分や他人がこれまで修めてきた行の*功徳を、真実の心のままに極楽へと振り向けて往生を願う心です。

❶廻向発願心というは、自他の行を真実心の中に廻向発願するなり。【念仏大意・昭法全四〇九】

❶『観経疏』散善義巻第四　浄全二・五八下／聖典二・二二六（趣意）

148

*廻向発願心というのは、自分が前世までに、そして今現在も、身や言葉や心によって重ねてきた一切の善行を、嘘偽りのない心で振り向けて極楽浄土に往生しようと深く願うことです。

❶*廻向発願心というは、過去および今生の身口意業に、修するところの一切の善根を、真実の心をもって極楽に廻向して往生を欣求するなり。

【三心義・昭法全四五七】

❶前出に同じ

148-2

❶*廻向発願心とは、過去及び今生の身口意業に修する所の一切の善根、真実心を以て、極楽に廻向して、往生を忻求するなり。

【十七條御法語・昭法全四七二】

❶前出に同じ

149

（*善導大師が）*廻向発願心について説明されたはじめの部分で「（もろもろの善根を）嘘、偽りなく阿弥陀仏の*本願を深く信じる心のうちに運び入れて」とありますが、これは*三心のうち、廻向についておっしゃっているのです。「前世で行った、そして現世で行ったもろもろの善根」とは、三心が身に具わる以前に積んだ*功徳のことで、あらためてその功徳を往生極楽のために振り向けなさい、とおっしゃっているのです。三心を具えた後になってまで、わざわざもろもろの善根を（往生のために）修めなさい、などと言っているわけではまったくありません。

廻向発願心の始に、❶真実深心の心中に廻向すと云う事は、此は三心の中、廻向を云う心なり。❷過去今生の諸善とは、三心已前の功徳を取り返して極楽に廻向せよと云うなり。全く三心の後に諸善を行ぜよと云うにはあらざるなり。

【三心料簡および御法語・昭法全四四九】

❶『観経疏』散善義巻第四　浄全二・五八下／聖典二・二二六
❷前出に同じ

150

*白道ということについて。

お念仏以外の*雑行を修めて往生を願う心は、お浄土へ続く白い道に喩えられますが、水や火の如き、貪りや怒りの心のために損なわれてしまいます。このことは何から知られるかと言えば、*善導大師の『観経疏』散善義に「もろもろの善行を振り向けて、直ちに西方極楽浄土へ向かう」とあるように、諸行によって往生を願う心の白道と聞いています。

次に、もっぱらお念仏を修めて往生を願う心を「*本願の力に導かれる道」と名づけます。このことは何から知られるかと言えば、同じく散善義に「西方極楽浄土に行きなさい、との釈尊の指図を仰ぎ、西方浄土から阿弥陀仏が慈悲をもって招き呼ぶ声を聞いて、今こそ、その二尊の御心を素直に信じ従い、水や火の河も恐れることなく、決してお念仏を絶やさなければ、阿弥陀仏の誓願のお力に導かれて、命終の後には西方浄土に往生することが叶う」との文、さらにそれに続く文章から知ることができるのです。お念仏を称える者は、阿弥陀さまの誓願のお力の道を歩み進むのですから、水や火にも喩うべき、貪りや怒りの心のためにその白道が損なわれてしまうことなどまったくありません。

こうしたことが比喩として「川の西岸に人がいて呼び掛けるには『汝、さあ、迷わずに急いで来なさい。私がしっかりと汝を護ろう。水や火の危険にさらされて、その川に堕ちることを決して恐れてはならない』、云々」とあるのです。

そしてこれらの比喩を合わせて『川の西岸に人がいて呼び掛ける』というのは、阿弥陀仏の誓願の御心を喩えている、云々」とされています。もっぱらお念仏を称える人は、貪りや怒りといった煩悩を恐れてはならないのです。阿弥陀さまの本願のお力に導かれる白道に乗じているのですから、どうして荒れ狂う炎や波にその白道が損なわれることなどありましょうか。

白道の事。

雑行の中の願往生の心は、白道なれども、貪嗔水火のために損せらる。何を以て知ることを得。釈に、❶諸の行業を廻して直ちに西方に向こう、と云うなり。云々。諸行往生の願生の心の白道と聞きたり。次に専修*正行*の願生の心をば願力の道と名づく。何を以て知ることを得。❷仰いで釈迦発遣の指南を蒙りて、西方また弥陀悲心の招喚を藉りて、今二尊の意に信順し、水火の二河を顧みず、念々に遺るることなく、彼の願力の道に乗じて、命を捨てて已後、彼の国に生ずることを得。已下の文是なり。正行の者、願力の道に乗ずるが故に、全く貪嗔水火を損害せず。❸是を以て譬喩の中に云わく、西岸の上に人有って喚んで言わく、汝、一心正念にして直ちに来たれ、我よく汝を護らん、衆て水火の難に堕せんことを畏れざれと。云々。喩を合するの中に云わく、❹西岸の上に人有りて喚びて言わくとは、即ち弥陀の願意に喩うなり。云々。専修正行の人は、貪瞋煩悩を恐るべからざるなり。*本願力の白道に乗ぜり、豈、火焔水波に損せらるべけんや。

【三心料簡および御法語・昭法全四四九】

❶『観経疏』散善義巻第四　浄全二・六〇下／聖典二・一三〇
❷前出に同じ
❸『観経疏』散善義巻第四　浄全二・六〇上／聖典二・一二九
❹『観経疏』散善義巻第四　浄全二・六〇下／聖典二・一三〇

五、異解の人には

151

さまざまな宗派においてその教えを学ぶ者が、それぞれの宗派で説く教えは各々独立した別個の体系を持つことを理解せずに、自身の宗派の教えに異なるものはすべて間違いであるととらえてしまうのは、正当な根拠を欠いています。宗派ごとに立てられた教えは、それぞれ別に体系づけられているのですから、各宗派の教えが同じはずなどありません。他の宗派が自身の宗派の教えと異なるのは当然なのです。

自他宗の学者、宗々所立の義を、各別にこころえずして、自宗の儀に違するをばみなひがごとと心えたるは、いわれなきことなり。宗々みなおのおのたつるところの法門、各別なるうえは、諸宗の法門一同なるべからず、みな自宗の儀に違すべき條は、勿論なり。

【修学についての御物語・昭法全四八六】

152

戒律を守る、心を静める、真理を見きわめる、これらができない者こそお念仏を称えなさい、ということについて。

こんなことは、まったく愚か極まりない教えです。たとえ、戒律を守り、心乱れず、真理を見きわめられる人であっても、阿弥陀さまの本願*に誓われたお念仏を称(とな)えなければ浄土への往生は叶いません。反対に、そのどれもができなくとも、ひたすらお念仏を称えれば往生は叶うのです。

戒定恵(かいじょうえ)無き者、念仏すべしと云う事。此(これ)は無下(むげ)の義なり。縦(たと)い戒定恵の三学全て具(ぐ)したりと雖(いえど)も、本願念仏を修せずんば、往生を得べからず。戒定恵無しと雖も、一向(いっこう)に称名(しょうみょう)せば必ず往生を得べきなり。【三心料簡および御法語・昭法全四五二】

「(お念仏の教えが広まると)み仏の教えは滅びてしまう」といって、お念仏を廃してしまうというのであれば、お念仏はみ仏の教えではないということでしょうか。そんなことは、例えるならば虎や狼に襲われるのを避けようとして、獅子(しし)に向かって走っていくようなものです。つまり、お念仏以外の行を非難することも、お念仏を非難することも、まったく同じみ仏の教えを謗(そし)る重い罪なのです。虎や狼に襲われようとも、獅子に襲われようとも、いずれにしても必ず死んでしまうことでしょう。ですから、一方を非難するべきではないし、他方をもまた謗るべきでありません。両者とも仏の教えなのです。互いに偏った執着をもってはいけません。

> 仏法うせなんとすとて仏法を廃せば、念仏はこれ仏法にあらずや。たとえば虎狼の害をにげて、獅子にむかいてはしらんがごとし、余行を謗じ念仏を謗ぜん、おなじくこれ*逆罪なり。とらおおかみに害せられん、獅子に害せられんともかならず死すべし。これをも謗ずべからず、かれをもそねむべからず。ともにみな仏法なり。たがいに偏執する事なかれ。
> 【登山状・昭法全四二四】

154

お念仏を修める者は、他の行を謗ってはいけません。謗ることは、すなわち阿弥陀さまの慈悲深いご*本願に背くことになるからです。他の行を修める者もお念仏を謗ってはいけません。なぜなら、あらゆる衆生を救おうと願われたみ仏方のお誓いに違うこととなってしまうからです。けれども、昨今、現実には*真言の行や止観の行を修める者の観点から見てはお念仏の行を謗り、お念仏の行を修める者の立場では他の行を謗っています。お互い偏った執着の心で教えを理論立て、お互い自分たちだけの価値判断に執着して解釈しているのです。こんな状態では、どうして正しい教えに適うことなどありましょうか。いずれもみな、み仏の教えに背いているのです。

念仏を修せんものは、余行をそしるべからず、そしらばすなわち弥陀の悲願にそむくべきゆえなり。余行を修せん者も念仏をそしるべからず。又諸仏の本誓にたごうがゆえなり。しかるをいま*真言止観の窓のまえには念仏の行をそしる、一向専念の床のうえには諸余の行をそしる。ともに我々偏執の心をもって義理をたて、たがいにおのおの是非のおもいに住して会釈をなす、あにこれ正義にかなわんや。みなともに仏意にそむけり。

【登山状・昭法全四二五】

155 「近頃の念仏者どもは自分勝手な解釈を立て、『悪業の報いを恐れるようでは阿弥陀仏の本願を信じ切っていないのだ。何遍も重ねて念仏を申すのも、たった一遍の念仏で往生できるという教えを疑うことになる。往生のために称える念仏についていえば一遍や十遍で事足りる。したがって何遍も回数を重ねる必要などない。悪業についていえば四つの重罪や五つの逆罪を犯した者でも、なお極楽への往生が叶う。それ故、もろもろの悪事といえどもはばかることはないのだ』などと言いふらしている」と非難する人がいます。

このように指摘された解釈はまったくもって誤りです。お釈迦さまのご説法にも見当たりませんし、善導大師のご解釈でもありません。もし、そのように理解している人は、そもそもあらゆる仏さまの御心に背いておりますし、決して阿弥陀さまのご本願に沿うものではありません。

難者のいわく、今来の念仏者、わたくしの義をたてて、悪業をおそるるは弥陀の本願を信ぜざるなり、数遍をかさぬるは一念の往生をうたごうなり。行業をいえば、一念十念にたりぬべし。かるがゆえに数遍をつむべからず、悪業をいえば、四重五逆なおうまるるゆえに諸悪をはばかるべからずといえり。この義まったくしかるべからず、釈尊の説法にも見えず、善導の釈義にもあらず、もしかくのごとく存ぜんものは、惣じては諸仏の御心にたごうべし、別しては弥陀の本願にかのうべからず。

【登山状・昭法全四二五】

156

私（源空）がただひたすらにお念仏を称える教えを掲げたところ、多くの人が謗って言うのです。「あなたがかりに念仏以外の修行によっても往生が叶うと認めたとしても、それが念仏往生の妨げになるなどとは、まったくあろうはずがない。それなのにどうして、ただひたすらに念仏だけ称える教えにこだわっているか。それこそ大いに偏った教えではないか」と。

私はこう答えました。「そのような非難は、この浄土宗の教えをよく知らないからです。すでに経典では『ただもっぱら無量寿仏を念ずる』と説いていますし、その*善導大師のご解釈にも『一向にもっぱら阿弥陀仏の名を称える』とあります。こうした経典やご解釈を離れ、私が勝手に、念仏の教えを掲げたならば、非難されてもまことに致し方ありません。そうした非難をしようと思うならば、まずはじめにお釈迦さまを謗るべきであり、その次に善導大師を謗るべきです。そのように非難されるいわれなど、この私の身の上には、まったくございません」と。

我一向専念の義を立つるに、人多く謗じて云わく、縦い諸行往生を許すと雖も、全く念仏往生の障と成るべからず。何が故ぞ、強ちに一向専念の義を立つるや、此大偏執の義なり。答う。此の難、是此の宗を知らざる故なり。経すでに❶一向専念無量寿仏と云う。故に釈に❷一向専称弥陀仏名と云う。経釈を離れて私に此の義を立てらば、誠に責むる所去り難し。此の難を致さんと欲さば、先ず釈尊を謗ずべし。次に善導を謗ずべし。その過全く我が身の上に非ず。

【一期物語・昭法全四四二】

（↓類似法語・15参照）

❶『無量寿経』巻下　浄全一・一九／聖典一・七一及び七二

❷『観経疏』散善義巻第四　浄全二・七一下／聖典二・一五三

第六章　日々の暮らし――念仏の中に

第一節　日々の念仏

157

お念仏にはいかなる形式も必要としません。お名号（みょうごう）を称（とな）える他には、どのような形式も必要のないことです。

念仏はようなきをもてなり。名号をとのうるほか、一切ようなき事なり。

【十七条御法語・昭法全四六九】

（↓類似法語・③164参照）

158

お念仏を称（とな）えるには、とりたてた形式などまったくありません。ただ、お念仏を称えれば極楽へ往生できるのだと心得て、心を込めて称えれば往生するのです。

159

念仏申すにはまったく別の様なし。ただ申せば極楽へうまると知りて、心をいたして申せばまいるなり。

【つねに仰せられける御詞・昭法全四九二】

学者ぶって念仏をあれこれ議論していれば、いつしかお念仏を称(とな)えなくなってしまうでしょう。

学生骨(がくしょうこつ)になりて、念仏やうしなわんずらん。

【つねに仰せられける御詞・昭法全四九三】

160

往生を叶えるためにはお念仏が第一です。学問は必要ありません。ただ、お念仏を称(とな)えて往生が叶うと信じられるようになる程には、学問を修めるべきです。

往生のためには念仏第一なり。学問すべからず、ただし念仏往生を信ぜん程はこれを学(がく)すべし。

【渋谷入道道遍伝説の詞・昭法全四六八】

お念仏の行者は、日頃、お念仏を称(とな)えるにあたって、身や心の不浄(ふじょう)をはばかる必要はありません。称え続けることが肝要だからです。如意輪観音(にょいりんかんのん)を本尊にお祀(まつ)りする儀式がありますが、これは罪を滅するために修めるものですから、そもそも身や心の不浄をはばかる必要などありません。阿弥陀さまも如意輪観音さまも共に、すべての衆生(しゅじょう)を救おうとする同じさとりの境地にいらっしゃるのです。

これについて考えてみますと、*善導大師(ぜんどうだいし)は、*別時念仏(べつじねんぶつ)を修める時には、身心を律して清らかな生活を送るよう定められましたが、身や心の不浄を問わない常日頃のお念仏とこの別時のお念仏と、その心構えはどれほど異なるのでしょうか。*恵心僧都源信(えしんそうずげんしん)さまの「念仏は、時、所、さまざまな状況に関わることがない」というお示しや、*永観律師(えいかんりっし)の「念仏は、身体の清浄と不浄とに関わることなく」というお示しも、きっとこうしたことをわきまえた上でのことでありますまいか。

称名の行者、常途念仏のとき、不浄をはばかるべからず、相続を要とするがゆえに。如意輪の法は、不浄をはばからず、弥陀観音一体不二なり。これをおもうに、善導の別時の行には、清浄潔斎をもちいる。尋常の行、これにことなるべきか。恵心❶の時処諸縁を論ぜずの釈、永観❷の身の浄不浄を論ぜずの釈、さだめて存ずるところあるか。

【十七條御法語・昭法全四六九】

❶『往生要集』巻下本　大文第八念仏証拠　浄全一五・一二八下
❷『往生拾因』浄全一五・三七五上

直しようのない*凡夫の性を考えれば、一日に二万遍、三万遍とお念仏の回数を定めたところで、その通りに実行できるものではありません。もっとも、回数を多く定めるに越したことはありませんが、それも心を励ましてお念仏を継続させようという意図によるものです。ただし、必ず数を定めることが必要というわけではありません。ただ、ひまなくお念仏をするためなのです。回数を決めないと怠ける原因となりますから、回数を定めるようにお勧めしているのです。

*凡夫の習い、二万三万、数遍を配すと雖も、如法の義有るべからず。唯数遍の多きにはしかず。所詮心をして相続せしめんが為なり。但し、必ず数を定めて要と為すにはあらず。只常念の為なり。数遍を定めざるは懈怠の因縁なれば数遍を勧むるなり。【一期物語・昭法全四四二】

(↓類似法語・③119、180、262参照)

163

私、源空は、中国の*善導大師のみ教えに従い、またわが国の先徳、*恵心僧都源信さまのお勧めのままにお念仏を称え、これまで長いあいだ毎日六万遍としておりました。いよいよ自分の死期が近づいたと感じてからはさらに一万遍を加えて、日々七万遍称える行者となったのです。

源空は、大唐の善導和尚のおしえにしたがい、本朝の恵心の先徳のすすめにまかせて、称名念仏のつとめ、長日六万遍なり。死期ようやくちかづくによって、又一万遍をくわえて、長日七万遍の行者なり。
【聖光上人伝説の詞　其三・昭法全四六一】

164
*善導大師が『法事讃』で「七日七晩、絶やす心なく念仏を称えよ」とおっしゃっているのは、「明日かもしれない往生の一大事を逃してしまわないように、今日の一日を励もう」との思いでお念仏を称えなさいということです。

❶七日七夜心無間というは、明日の大事をかかじと、今日はげむがごとくすべし。
【つねに仰せられける御詞・昭法全四九五】

❶『法事讃』巻下　浄全四・二一上

165
そもそも人の命など、食事をしている間にむせて死んでしまうことさえあるものです。ですから「南無阿弥陀仏」と称えて噛み、「南無阿弥陀仏」と称えて飲み込むべきです。

人の命は食事の時、むせて死する事もあるなり。南無阿みだ仏とかみて、南無阿み陀仏とのみ入るべきなり。

【つねに仰せられける御詞・昭法全四九三】

第二節　念仏の生活

166

「善人ですら往生が叶うのであるから、まして*悪人はなおさらのことである」とのこと。この教えについては、別に*口伝(くでん)があります。

善人尚(なお)以て往生す、況(いわん)や悪人をやの事。口伝之(これ)有り。

【三心料簡および御法語・昭法全四五四】

（→類似法語・115参照）

167 善人と悪人について。*

お念仏を称える人は、自分を偽ったり飾ったりすることなく、ただ生まれつきのままで称えなさい。善人は善人のまま、悪人は悪人のまま、本来の自分のままで称えなさい。お念仏の教えに入るからといって、今になって初めて戒を守るとか破るとか、あれやこれや言ってはなりません。ただ、本来の自分、ありのままで称えるのです。


善悪の機の事。

念仏申さん者は、只生まれ付きのままにて申すべし。善人は善人ながら、悪人は悪人ながら、本のままにて申すべし。此念仏に入るの故、始めて持戒・破戒なにくれと云うべからず。只本体ありのままにて申すべし。

【三心料簡および御法語　昭法全四五〇】

168 僧侶たるもの、一日に一食のみで正午以降は食事をしないという戒を守るのは当然のことです。しかし、今日となっては人の資質も低下し、食料も欠乏しています。このような状況では、一食では充分といえず心は食事のことばかりを考えてしまい、お念仏しようという心は乱れるものです。『菩提心経』に「食事はさとりを目指す心を妨げはしない。貪る心がさとりを妨げるのである」と示されてもいるのですから、食事については自分で調節すべきでありましょう。

僧尼の食作法は、もっとも然るべきなり。然りと雖も、当世は機己に衰え、食己に滅す。此の分際を以て、一食は心偏に食事を思い、念仏の心静まらず。菩提心経に云わく、❶食は菩提心を妨げず。心は能く菩提を妨ぐ。其の上は自身を相計るべきなり。

【一期物語・昭法全四四三】

（↓類似法語・③132参照）

❶羅什訳『仏説荘厳菩提心経』（正蔵一〇）のことと思われるが、該当の文句は見出せなかった。なお、法然上人は『選択集』第六章においてこの経典を引用している。

僧侶の守るべききまりは*大乗・*小乗の戒律によりますが、この*末法の時代には、僧侶といえどもそれを守りきれません。たとえ私（源空）が「戒律を破ることなど許さない」と言ったところで、いったい誰が従えるでしょうか。要はただ、お念仏が継続できるよう努めて心がけるべきでしょう。往生のためには、すでに念仏が正しき行業とされているのですから、これを素直に守ってしかと励むべきです。戒律を守って生きることが往生のための正しき行業というわけでは、まったくないのです。

僧の作法は大小の戒律に在り。然りと雖も、末法の僧は之に随わず。源空、縦い之を禁ずとも、誰人か之に随わん。只、所詮念仏の相続する様、相計るべきなり。往生の為には念仏を已に*正業となすが故に、此の旨を守りて相励むべきなり。持齋は全く正業にあらざるなり。

【一期物語・昭法全四四四】

（↓類似法語・③133参照）

170

人々が後世（ごせ）のことを論じていたおり、「魚を食べない者こそ、往生は叶うのだ」と言う人がいました。また反対に「魚を食べる者こそ、往生は叶うのだ」と言う人もおりました。そんなふうに論じ合っているのを耳にした法然上人は、「魚を食べる者が往生するというのであれば、鵜（う）こそが往生するということになります。魚を食べない者が往生するというのであれば、猿こそが往生するということになります。魚を食べる、食べないには関係ありません。ただお念仏を称（とな）える者が往生すると、私は存じておりますよ」とおっしゃいました。

人々後世の事申しけるついでに、往生は魚（うお）、食（しょく）せぬものこそすれという人あり。あるいは魚、食するものこそすれという人あり。とかく論じけるを、上人ききたまいて、魚くうもの往生せんには、鵜（う）ぞせんずる。魚くわぬものせんには猿（さる）ぞせんずる。くうにもよらず。くわぬにもよらず。ただ念仏申すもの往生はするとぞ、源空（げんくう）はしりたるとぞ仰られける。

【魚食と往生について示される御詞・昭法全四八八】

171

たとえお念仏以外のことをするにしても、お念仏を申しながらそれをするよう心がけなさい。その事をするついでにお念仏を称えようと思ってはなりません。

縦い余事をいとなむとも、念仏を申し申しこれをするおもいをなせ。余事をしし念仏すとは思うべからず。【つねに仰せられける御詞・昭法全四九三】

172

この世を生きていくには、お念仏が称えられるように過ごすべきです。お念仏の妨げになるのであれば、たとえどんなことであっても厭い捨てて、それをおやめなさい。たとえば、俗世を離れた修行者となっては称えられないならば、妻を娶って称えなさい。それでは称えられないというのであれば、修行者となって称えなさい。それでは称えられないならば、各地を遍歴しながら称えなさい。それでは称えられないというのであれば、家にいながら称えなさい。自分の力で衣食を賄ってお念仏が称えられないならば、他の人に助けていただきながら称えなさい。それがままならないようであれば、自分で衣食を賄って称えなさい。一人では称えられないならば、お念仏の同志と一緒に称えなさい。それでは称えられないというのであれば、一人籠って称えなさい。

衣食住の三つは、お念仏を称えるこの身の支えとなるものです。つまり、この自分が平穏にお念仏を称えて往生が叶うように計らうのであれば、すべてお念仏を称えることに役立つのです。死後には地獄・餓鬼・畜生の世界に帰るような罪深いこの身とはいえ、いとおしいのですから、自愛していたわりなさい。まして、往生という一大事を目指してひたすらお念仏を称える身であれば、是非ともいたわり大切になさい。もし、お念仏を称えるために役立つとも思わずに、ただいたずらに貪り求めることは、地獄・餓鬼・畜生の三悪道に堕ちる行いとなります。極楽往生のお念仏を称えるために、あれこれ求めてこの身を育むのであれば、それは往生の助業となるのです。すべてのことは、このように心得なさい。

> 現世をすぐべき様は、念仏の申されん様にすぐべし。念仏のさまたげになりぬべくば、なになりともよろずをいといすてて、これをとどむべし。いわく、ひじりで申されずば、めをもうけて申すべし。妻をもうけて申され

ずば、ひじりにて申すべし。住所にて申されずば、流行(るぎょう)して申すべし。流行(るぎょう)して申されずば、家にいて申すべし。自力の衣食にて申されずば、他人にたすけられて申すべし。他人にたすけられて申されずば、自力の衣食(えじき)にて申すべし。一人して申されずば、同朋とともに申すべし。共行(ぐぎょう)して申されずば、一人籠居(ろうきょ)して申すべし。衣食住の三は、念仏の助業(じょごう)なり。これすなわち自身安穏にして念仏往生をとげんがためには、何事もみな念仏の助業なり。*三途(さんず)へ返るべき事をする身をだにもすてがたければ、かえり見はぐくむぞかし。まして往生程の大事(だいじ)をはげみて、念仏申さん身をば、いかにもいかにもはぐくみたすくべし。もし念仏の助業とおもわずして身を貪(とん)求(ぐ)するは、三悪道(さんなくどう)の業となる。極楽往生の念仏申さんがために、自身を貪求するは、往生の助業となるべきなり。万事かくのごとし。

【禅勝房伝説の詞・昭法全四六二】

(↓類似法語・③135参照)

173

「わずか一遍や十遍でも念仏を称(とな)えれば往生が叶う」という教えだからといっ

て、お念仏をおろそかに称えるようであれば、信心がかえってお念仏を妨げることになります。「念仏を片時も忘れることなく称える」教えだからといって、一遍や十遍の少ないお念仏では往生はおぼつかないと疑うようであれば、お念仏がかえって信心を妨げることになります。ですから、信心においてはわずか一遍のお念仏で往生が叶うと受け止めて、行においては一生涯にわたってお念仏を励むべきです。

> 一念十念にて往生すといえばとて、念仏を疎相に申せば、信が行をさまたぐるなり。❶念々不捨といえばとて、一念十念を不定におもえば、行が信をさまたぐるなり。かるがゆえに信をば一念にうまるととりて、行をば一形にはげむべし。
>
> 【禅勝房にしめす御詞・昭法全四六四】

❶『観経疏』散善義巻第四　浄全二・五八下／聖典二・一二六

173-2

一念十念に往生をすといえばとて、念仏を疎想に申すは、信が行をさまた

174

ぐるなり。❶念々不捨者といえばとて、一念を不定におもうは、行が信をさまたぐるなり。信をば一念にうまると信じ、行をば一形にはげむべし。

【つねに仰せられける御詞・昭法全四九二】

❶前出に同じ

一念信心のことについて。

「この一遍のお念仏で必ず往生が叶うのだ」、との思いを一念一念に込めて、一生涯継続して称えるべきです。「一遍のお念仏では往生できない」と疑っては、たとえ多く称えても、それは皆疑いを抱いたお念仏になってしまいます。また、最期臨終に称える一遍のお念仏で一人の往生が叶うのですから、まして一生の間称え続け、*功徳を積み重ねたならば、どうして一度の往生が叶わぬことなどありえましょうか。一遍のお念仏ごとに一人の往生が叶う功徳があるのです。まして多く称えるお念仏で一度の往生が叶わぬことなどありましょうか。

一念信心の事。

信をば一念に取りて、行をば一形に尽くすべし。一念の往生を疑わば、即ち多念すれども皆疑念の念仏なり。云云。又云わく、一期の終の一念は一人往生す、況や一生の間多念の功を積まば、豈一度の往生を遂げざらんや。一念毎に一人往生の徳有り、何に況や多念に一の往生無からんや。

【三心料簡および御法語　昭法全四五三】

たとえ一遍でもお念仏を称えれば、命終の後ただちに往生することについて。私たちは、わずか一遍のお念仏で、もうそれで充分だ、という身のほどではありません。一生涯を通してお念仏を称え続けるべき身なのです。「乃至十念」も同様で、お念仏を十遍称えさえすればそれでいいというわけでなく、本来、臨終まで称え続けるべきです。*善導大師も、「長くは一生涯称え続けるお念仏から、短くは十声、一声のお念仏にいたるまで、必ず往生が叶うのである」と説かれている通りです。このように私たちは、わずか十遍のお念仏でもう充分だという身のほどではなく、一生涯を通して相続すべき身なのです。

乃至の一念即ち往生を得るの事。
我等は一念の機にあらず、乃至の機なり。云云。また乃至十念も此くの如し。吾等は十念の機にあらず、乃至の機なり。云云。釈に❶上一形を尽くし、❷下十声一声等に至るまで定んで往生を得、と。また此くの如き我等は下至十声の機にあらず、上尽一形の機なり。

【三心料簡および御法語・昭法全四五二】

❶『観経疏』玄義分巻第一　浄全二・一〇下／聖典二・二四など
❷『往生礼讃』浄全四、三五四下

『阿弥陀経』には「一日から七日の間、念仏を称えよ」と説かれていますが、それを「一日から七日の間」と文字通り理解するのは誤りです。*善導大師は『観経疏』のなかで、『観無量寿経』上品上生の「一日七日」を解釈して「『この*功徳を具えて』以下の経文は、まさに修行の期間の長短が明かされている。長くは一生涯、短かくは一日、一時、一念の間、あるいは一念や十念といった短い時間から、一時、一日、一生涯という長い時間にわたってと説かれた意図は、ひと度往生を志してからは、この命が尽きるまで決して退転することなく、ただ浄土への往生を期すのみである」とお示しです。このことから推し量れば『阿弥陀経』の「一日から七日の間」も同様に理解すべきです。

このお示しには三つの解釈が見られます。一つには長い時間から短い時間へ、二つには短い時間から長い時間へ、三つにはそれらを一言で云えば、ひとたび往生の志を発したなら途中でやめない、ということです。このうち、はじめの二つは肝要ではありません。最後の一つが重要なのです。要は、ひと度往生を志してからは、命が尽きるまで決してやめない、これが大切な意味なのです。

この経に、❶一日七日といえるを、只一日七日に限ると意得るは僻事なり。善導和尚、観経の疏に、上品上生の一日七日を釈し給うに、❷此の功徳を具してより以下は、正しく修行の時節の延促を明かす、上一形を尽くし、下一日一時一念等に至るまで、或いは一念十念より、一時一日一形に至る大意は、一たび発心して已後、誓って此の生畢るまで、退転有ること無く、唯浄土を以て期とすと判じ給えり。この釈をもって准知するに阿弥陀経の

177

一日七日も、又此くの如く意得べきなり。この釈に三つの意あり。一つには多より少にいたり、二つには少より多に至り、三つには大意は、一たび発心して已後退転なしといえるなり。初の二は要にあらず、後の一その要なり。所詮は往生の心を発してのち、命終まで退せざる、これを大意とするなり。

【阿弥陀経の大意をのべ給ひける御詞・昭法全四八七】

❶『阿弥陀経』浄全一・五四／聖典一・二〇二
❷『観経疏』散善義巻第四　浄全二・六二上／聖典二・一三三

阿弥陀さまは、わずか一遍、お念仏を称えれば、その中に一度の往生が叶う*功徳を込めて*本願をおたてになりました。ですから、十遍お念仏を称えれば十回の往生が叶うほどの功徳があるのです。それほどまでに貴いお念仏であることを心得て、ひたすらお念仏を称える身となったその日から、命尽きるその時まで称えた一生涯にわたるお念仏の功徳をとり集め、ただ一度の往生は必ず遂げられるのです。

阿弥陀仏は、一念とのうるに一度の往生にあてがいておこし給える*本願なり。かるがゆえに十念は十度うまるる功徳なり。一向*専修の念仏者になる日よりして、臨終の時にいたるまで申したる一期の念仏をとりあつめて、一度の往生はかならずする事なり。【禅勝房にしめす御詞・昭法全四六三】

第三節　人の子として

178

悪事をはたらいてしまう人が念仏を称えることについて。

どうしても悪事を犯してしまう身であるからこそ、お念仏を称えるのです。はじめから「悪事を犯しても大丈夫なように」と思って称えるのではないと心得るべきです。

造悪の機の念仏せる事。

悪を造る身なるが故に念仏を申すなり。悪を造らん料に念仏申すにはあらずと心得べきなり。【三心料簡および御法語・昭法全四五〇】

往生が叶うかどうかは、その人の罪が軽いか重いかにはかかわりません。お念仏を称えれば往生が叶う証明として、いつもそうした話があります。（中略）だからといって、「念仏の行者はあえて罪を犯しなさい」ということではありません。要は、「たとえ*五逆罪という重い罪を犯そうとも必ず往生は叶うのだと信じつつ、小さな罪さえも犯すまいと心を尽くしなさい。わずか一遍のお念仏でも往生は叶うのだと信じつつ、数多くお念仏を称えようと励みなさい」ということなのです。

罪の軽重にはよらず。念仏すれば往生する現証なり（中略）さればとて念仏行者、罪を犯せとにはあらず。所詮、罪は*五逆も生まるると信じて小罪をも恐れよ、念仏は一念に生ると信じて、多念をはげめ。
【高砂浦の老漁人の現證をききて仰られける御詞・昭法全四八〇】

五つの*逆罪、十の悪業を犯した者でも、わずか一遍や十遍のお念仏で、阿弥陀さまの浄土に往生するというのは、お釈迦さまが『観無量寿経』で明言されたところです。だからといって、あえて五つの逆罪を造って十念を称えなさいとか、十の悪業を犯して一念を称えなさいと勧めているわけではありません。そもそも、*十重禁戒をたもとうと心がけつつ十念を称えなさい、*四十八軽戒を守ろうと心がけつつ四十八の*本願を頼みとしなさい。そのように私、法然は切に願うものです。

❶*五逆*十悪の衆生の、一念十念によりて、かの国に往生すというは、これ観経のあきらかなる文なり。ただし五逆をつくりて十念をとなえよ、十悪をおかして一念を申せとすすむるにはあらず。それ*十重をたもちて十念をとなえよ、*四十八軽をまもりて四十八願をたのむは、心にふかくこいねごう所なり。

【登山状・昭法全四二六】

181

はからずも私たちは、四つの重罪を犯したり、ある時には十の悪業を働いたりしています。あんな重罪も犯し、こんな悪業も行ってしまうものです。一人として、戒を厳密に守り通せる人などおりません。「もろもろの悪業をなさず、もろもろの善業を行じ奉れ」とは、過去・現在・未来のそれぞれにお出ましになる仏さま方が、みな等しくお勧めになる戒めです。善業を修める者は善い世界に生まれかわり、悪業をはたらく者は悪しき世界に堕ちる結果を招くとも言われます。このような因果の道理を耳にはしても、まるで聞いたこともなかったかのように振る舞っています。

あらためて言うまでもありませんが、でき得る限り悪事を行わないよう自制しつつ、縁ある毎にお念仏を称えて往生を願うべきなのです。阿弥陀さまは悪人*をもお見捨てにならないのですから、どうして善人をお嫌いになることがありましょうか。「罪を恐れるのは阿弥陀さまのご本願*を疑っている」などという

❶『観無量寿経』下品下生　浄全一・五〇／聖典一・一九〇（趣意）

解釈は、この浄土宗においてはまったく承知できないところです。

われら、あるいは*四重をおかし、あるいは*十悪を行ず。かれもおかしこれも行ず、一人としてまことの戒行を具したる者はなし。諸悪莫作、衆善奉行は、三世の諸仏の通戒なり。善を修するものは善趣の報をえ、悪を行ずる者は悪道の果を感ずという。この因果の道理をきけどもきかざるがごとし。はじめていうにあたわず、しかれども分にしたがいて悪業をとどめよ、縁にふれて念仏を行じ往生を期すべし。悪人をすてられずば、善人なんぞきらわん。罪をおそるるは本願をうたごうと、この宗にまったく存ぜざるところなり。

【登山状・昭法全四二六】

*五逆という大罪も念仏往生の防げとはならない、そうと知ってはいても、よくよく気を付けて小さな罪をも犯すまいと思うべきです。往生にはわずか一遍のお念仏でも不足はない、そうとわかってはいても、数多く称えようと思うべきです。この一遍のお念仏で往生は叶うのだと信じつつ、数多く称えるよう励み

行ずるべきなのです。

罪は五逆もさわり無しと知るとも、構えて小罪をもつくらじと思うべし。往生は一念に足りぬと存ずとも、多念を重ねんと思うべし。信をば一念に往生すと取りて、行をば多念にはげむべし。

【常に仰せられける御詞　其七・昭法全四九二】

たとえ*十悪や*五逆という重い罪を犯してしまった人であっても、（自分の過ちを反省し、阿弥陀さまに救いを求めてお念仏を称えたならば）極楽に救われると信じる一方、だからこそ小さな罪をも犯すまいと心がけるべきです。重い罪を犯してしまった人であっても、阿弥陀さまに救いを求めれば往生は叶うのですから、まして、常にわが身を振り返りつつお念仏を称え、罪を犯さないように心がけている善人が往生できないことなどありましょうか。たとえ一遍、十遍のお念仏でさえ往生が叶わぬはずはないと信じつつも、なお絶やすことなく称え続けるべきです。一遍のお念仏でも往生は叶うのですから、生涯を通じて称えている人が、どうして往生できないことなどありましょうか。


罪は十悪五逆のもの、なおうまると信じて、小罪をもおかさじと思うべし。罪人なをうまる、いかにいわんや善人をや。行は一念十念むなしからずと信じて、無間に修すべし。一念なおうまる、いかにいわんや多念をや。

【つねに仰せられける御詞・昭法全四九二】

第四節　ともに歩む

請用の念仏について。

どなたかの要請に応じてお念仏を称えることには、次の三つの利益があります。一つは、自らの念仏行にいっそう励みが増し、二つには、その願い主の思いに資することとなり、三つには、多くの人々にも利益がゆきわたります。＊功徳には「体」と「用」の二つの側面があり、「体」とはお念仏の功徳そのものであり、「用」とはそれが他者に及ぶ働きのことです。妙楽大師湛然は「善き法そのものだけでは（念仏を称えなければ）、その功徳は人に及ぼすことができない」とおっしゃっています。こうしたことは、*善導大師が「願わくは、この念仏の功徳が平等に一切の衆生にゆきわたり、ともどもに往生の志を発して、西方浄土に往生できますように」の文として解釈されたところでもあります。

> 請用念仏の事。
> 他の請に趣き念仏を修さば、三種の利益有り。一つには自行勇猛なり、二つには旦那の願念を助く、三つにはよく衆のために利益を成ずるなり。功徳には体用の二有り、体は自ら留まり、用は他に施す。❶妙楽大師の云わく、善法の体を以て人に与うべからず。已上。❷此は願わくは此の功徳を以ての文を釈する所なり。
> 【三心料簡および御法語・昭法全四五四】

❶『止観輔行伝弘決』巻第七之四正蔵四六・三八三下
❷『観経疏』玄義分巻第一　浄全二・一下／聖典二・四

185

浄土往生の教えと遊蓮房円照にめぐり会ったことこそが、人として今まで生きてきたなかで、一番の思い出です。

浄土の法門と、遊蓮房とにあえるこそ、人界の生をうけたる、思い出には侍れ。

【常に仰せられける御詞・昭法全四九二】

186

私、源空は*智慧や人徳で人々を教え導くということなど、とても満足には出来ません。法性寺の空阿弥陀仏は、ものの真理を見極めるには至っていませんが、そんなこととは関係なく、むしろ念仏のすぐれた先達として広く人々を導いています。もし私が、再び人として生まれ変わったならば、最たる愚直者としてお念仏に勤め励む者となりましょう。

源空は智徳をもって人を化する猶不足なり。法性寺の空阿弥陀仏は愚痴なれども、念仏の大先達として返って化導広し。我もし人身を受けば大愚

187

痴の身を受け、念仏勤行の人たらん。

【常に仰せられける御詞　其四・昭法全四九〇】

さまざまな宗派の祖師方も、みな極楽に往生されました。たとえば真言宗の祖師である龍樹菩薩、天台宗の祖師である南岳大師慧思・天台大師智顗・章安大師灌頂・妙楽大師湛然、三論宗の祖師である僧叡、華厳宗の祖師である智儼禅師などの方々です。法相宗の祖師である懐感禅師にいたっては自らの宗旨を捨ててまで浄土宗に帰入されました。世親（天親）菩薩は法相宗の祖師ですが、『往生論』という書物を著して極楽への往生を勧めていらっしゃいますし、達磨宗の祖師である智覚禅師は、上品上生の往生をとげられました。このほかにも、たとえ名前は知られていなくとも、極楽に往生された方はたくさんいらっしゃいます。例を上げれば枚挙にいとまありません。

諸宗の祖師は、みな極楽に生じ給えり。所謂真言の祖師、龍樹菩薩、天台の祖師、南岳、智者、章安、妙楽、三論の祖師、僧叡、華厳の祖師、智儼、法相宗には、懐感禅師、我が宗をすてて、浄土宗に入る。天親菩薩は、法相宗の祖師なり。往生論を作りて、極楽をすすむ。達磨宗の祖師、智覚禅師は上品上生の往生人なり。其の外非名僧のなかに、往生人これおおし。あぐるにいとまあらず。

【諸宗の祖師極楽往生し給ふという御詞・昭法全四八八】

188

（*建永の法難に際して）西阿弥陀仏という弟子が「経典やお祖師方のお示しに、ただひたすら念仏せよとあるとはいえ、このままそれを説き続けては、この世相にいわれなき非難を浴びるばかりです」と申し上げました。それに対し法然上人は「私はたとえこの首をはねられようとも、念仏往生の御教えを説かないわけにはまいりません」とおっしゃいました。そのお顔には迷いなどなく、まさに信念に満ち溢れていました。

西阿弥陀仏云わく、経釈の文然りと雖も、世間の譏嫌を存ずる許なり。上人云わく、我れ頸を截らるると雖も、此の事を云わずばあるべからず。云云。

御気色もっとも至誠なり。

【一期物語・昭法全四四二】

（→類似法語・③143参照）

189

この流罪（建永の法難）の時にあたって、都から遠く離れた地に暮らす多くの方々にお念仏の教えをお伝えできることは、その方々にこの上もない利益をもたらすのです。

この時に当たりて辺鄙の群衆を化せんこと莫大の利生なり。

【御流罪の時信空に示されける御詞　其一・昭法全四七六】

190

私に下された流罪について、誰かを恨んではなりません。なぜなら、私ももう八十歳を迎えようとしており、仮りに師匠（私）とあなた方弟子がともにこの京の都に住んでいたとしても、今生の別れは間近に迫っているはずです。たとえ山や海を隔てて暮らしていようとも、お浄土での再会に何の疑いがありましょうか。

また、この世を厭い嫌ったところで生きねばならないのが人の身であり、この身を惜しんだところで死なねばならないのが人の命です。どうして住処にこだわる必要がありましょうか。そればかりか、この都にお念仏の教えを広め始めてからもう永い歳月が経っていますが、都から遠く離れた土地に赴き、その土地の人たちにお念仏をお勧めすることこそが、永年の望みだったのです。しかしながら、これまでその機会に巡り会うことなく、今もってその思いをはたせずにおりました。今、流罪によるとはいえ、その永年の望みが叶うのは、朝廷からの過分な賜りものともいえましょう。

お念仏の教えの広まりは、誰かがとどめようとしたところで、とどまるはずなどありません。衆生を救い摂ろうとの御仏の誓いは深く、天の神々も、お念仏を称える者を守護しようとしっかりと約束してくださっています。ですから、どうして、世間からの非難をはばかり恐れ、経文や祖師の解釈の本意を隠す必要などありましょうか。

流刑さらにうらみとすべからず、そのゆえは、齢すでに八旬にせまりぬ。

たとい師弟おなじみやこに住すとも、娑婆の離別ちかきにあるべし。たとい山海をへだつとも、浄土の再会なんぞうたがわん。又いとうといえども存するは人の身なり。おしむといえども死するは人のいのちなり。なんぞかならずしもところによらんや。しかのみならず念仏の興行、洛陽にしてとしひさし、辺鄙におもむきて、田夫野人をすすめん事季来の本意なり。しかれども時いたずらして、素意いまだはたさず、いま事の縁によりて、季来の本意をとげん事、すこぶる朝恩ともいうべし。この法の弘通は、人はとどめんとすとも、法さらにとどまるべからず。諸仏済度のちかいふかく、冥衆護持の約ねんごろなり。しかればなんぞ世間の機嫌をはばかりて、経釈の素意をかくすべきや。

【御流罪の時門弟に示されける御詞・昭法全四七七】

（→類似法語・③144参照）

191

「めぐり会った人との別れは必ずやってくる」ことはこの世の定めであり、今にはじまったことではありません。どうしてそれほど深く嘆くことなどありましょうか。この世でのご縁がかりそめなものでないならば、往生の暁には同じ蓮の台にともに座りましょう。お浄土での再会はもう間近に迫っているのです。今ここでお別れしても、それは暫しの悲しみ、まるで春の夜の夢のようなものです。この世で非難を受けたことさえをもご縁とし、先に往生した者が後から往生する者を導きましょう。後の者を導くご縁は浄土での楽しみです。

そもそも、この世ですら疎遠でなく、同じ名号を称え、ともに称えた中にいて、ともに*菩薩方をはじめとする浄土の聖者から護られてきたのです。同じ教えを信じ仰ぐ者こそもっとも親しい間柄であって、間違っても疎遠だと思ってはなりません。「南無阿弥陀仏」とお称えくだされば、たとえ住処は遠く離れていようとも、この源空とは通じているのです。なぜなら、この源空も「南無阿弥陀仏」とお称えしているからです。お念仏をたよりに日暮らしをしていない人は、たとえ肩を並べ、膝を交えていようとも、私とは離れていることになります。なぜなら、身と口と心のそれぞれが私と通じ合っていないからです。

> 会者定離は常のならい、今はじめたるにあらず、何ぞ深く歎かんや。宿縁空しからずば同じき一蓮に坐せん、浄土の再会甚だ近きにあり。今の別

れは暫しの悲しみ、春の夜の夢のごとし、誹謗ともに縁として先に生まれて後を導かん。引摂縁はこれ浄土の楽しみなり、夫現生すら猶もて疎からず、同じ名号を唱え、同一の名号の中にありて、同じき聖衆の護念を蒙る、同法もっとも親し、愚かに疎しと思し食すべからず。南無阿弥陀仏と唱え給えば、住所は隔つといえども源空に親しとす。源空も南無阿弥陀仏と唱えたてまつるが故なり。念仏を辞とせざる人は、肩を並べ、膝を与むといえども源空に疎かるべし。三業皆異なるが故なり。

【御流罪の時門弟に示されける御詞　其四・昭法全四七八】

192

私、源空が遠方に流されるということは、都から遠く離れた土地の人々に、お念仏の教えを伝えるご縁が熟したからなのです。まことに喜ばしいことです。広く人々にお伝えして、お念仏の道にお誘いするつもりです。

源空が遠流を蒙ること、辺土の化縁すでに熟せり。誠によろこぶ所なり。普く万機を教化して念仏門に入らしめん。

【御流罪の時門弟に示されける御詞　其五・昭法全四七八】

第七章　阿弥陀仏とともに——大いなる功徳

193

第一節　いまわの時に

善導大師の『往生礼讃』に示されている「前念に命終して後念にすなわち彼の国に生ず」について。

「前念後念」というのは、この世での命を今まさに終える瞬間を「前念」、後の世に生を享けるその瞬間を「後念」と言うのです。（観念の念仏など）行としての「念」ではありません。浄土への往生はお念仏を称えることによって叶うのであり、そしてお念仏を称えるのは、ひいては浄土でさとりを開くための行です。したがって、お念仏を称えつつ命を終えるならば、「必ず往生する身として命を終える人」ということになります。

❶前念に命終して後念に即ち生ずの事。
前念後念とは、此に命尽きて後に生を受くる時分なり。行の念にはあらず、往生は称名なり、称名は正覚の業なり。然れば則ち称名して命終するは、

正定の中にして終わる者なり。

【三心料簡および御法語・昭法全四五二】

❶『往生礼讃』浄全四・三五七上

194

貴い経典や註釈書、妙なる教えを学んだ智慧*者であっても、最期臨終の時には、それまで学んできた文言をそらんじて唱えることは叶わないでしょう。けれどもお念仏は、命尽きる最期の一瞬に至るまで、お称えするにそうした難しさはありません。

いみじき経論聖教の智者といえども、最後臨終の時、其の文を暗誦するにあたわず。念仏におきては、いのちをきわむるにいたるまで、称念するにそのわずらいなし。

【念仏大意・昭法全四一四】

195

お念仏を称えて往生という目的が果たされるのは、臨終に称えるお念仏と、日々称えているお念仏と、いずれにもよることです。それは、阿弥陀さまの本願*を説く経文には、臨終に称えるお念仏によるとか、日々のお念仏によるとかを分けていないからです。*恵心僧都源信さまの『往生要集』も「日々のお念仏が大切である」と述べていると判断できます。

往生の業成就は、臨終平生にわたるべし。本願の文箇別せざるゆえなり。恵心の心も、平生にわたると見えたり。

【つねに仰せられける御詞・昭法全四九四】

195-2

往生の業成就、臨終平生にわたるべし。*本願の文に別にえらばざるがゆえにと云えり。*恵心のこころ平生の見にわたるなりと云えり。

【十七条御法語・昭法全四六九】

196

平生と臨終について。

日々、お念仏を称えながらも、往生が叶うかどうかと不安に思っているようでは、臨終にお念仏を称えても往生は危うくなってしまいます。往生は日々のお念仏で叶うと思っていれば、臨終には必ず往生が叶うのです。

平生と臨終の事。
平生の念仏に於て往生は不定と思えば、臨終の念仏もまた以て不定なり。
平生の念仏を以て決定と思えば、臨終もまた以て決定なり。
【三心料簡および御法語・昭法全四五三】

第二節　滅罪、来迎の功徳

197

「法爾の道理（あるがままの自然のことわり）」ということがあります。たとえば炎は空に向かって燃え上がり、水は低い方へ流れていきます。果物にも酸っぱいものもあれば甘いものもあります。こうしたことは、皆、「法爾の道理」なのです。阿弥陀さまの*本願に、自らのお名号を示されて罪深い衆生を導き救おうと誓われている以上、ただひたすらにお念仏さえ称えていれば、臨終に仏さまがお迎えくださるというのもまた「法爾の道理」なのですから、疑う余地はないのです。

法爾の道理という事あり。ほのおはそらにのぼり、水はくだりさまにながる。菓子のなかに、すき物ありあまき物あり。これはみな法爾の道理なり。阿弥陀仏の本願*は、名号をもって罪悪の衆生をみちびかんとちかい給いたれば、ただ一向に念仏だにも申せば、仏の来仰は法爾の道理にてうたがいなし。【つねに仰せられける御詞・昭法全四九三】

法爾道理という事あり。ほのおはそらにのぼり、みずはくだりさまにながる。菓子の中にすき物あり、あまき物あり、これらはみな法爾道理なり。阿弥陀ほとけの本願*は、名号をもって罪悪の衆生をみちびかんとちかい給いたれば、ただ一向に念仏だにも申せば、仏の来迎は、法爾道理にてそなわるべきなり。【禅勝房伝説の詞・昭法全四六二】

198

そもそも阿弥陀さまとのご縁は、仏さまを素直に敬う人はもちろん、背を向ける人にも結ばれ、阿弥陀さまのお導きは誰彼と分け隔てることなどありません。阿弥陀さまのお迎えは人によってあとさきがありますが、往生人を包み込んだ蓮の花が早く開くか遅くかは、往生を志す私たちの心がけ次第です。

抑、結縁は順逆にわたり、引接人をきらわず、来迎に前後あり、遅速は人々の心なるべし。【御流罪の時門弟に示されける御詞・昭法全四七七】

199

*本願成就について。

お念仏は私たち自身のふるまいであり、往生は阿弥陀さまのおはたらきです。往生は阿弥陀さまのお力によるものなのに、心の中で、「自分の力で何とかしよう」などと思っては自力になってしまいます。ただただお念仏を称えて、阿弥陀さまが来迎してくださるのを待つべきなのです。

本願成就の事。

200

念仏は我が所作なり、往生は仏の所作なり。往生は仏の御力にてせしめ給うものを、我が心にとかくせんと思うは自力なり、唯すべからく称名に付きたる来迎を待つべし。

【三心料簡および御法語・昭法全四五三】

（❶「衆生が称念すれば必ず往生が叶う」との*善導大師のお言葉を引かれて）法然上人は常々、次のようにおっしゃっていました。「『衆生が称念すれば』とありますが、どうして私がその『衆生』でないことがありましょうか。『必ず往生が叶う』とありますが、どうして私一人が阿弥陀さまのお迎えに漏れることなどありましょうか」と。

常の詞には、衆生称念という。われ豈その人にあらざらんや。必得往生といえり。ひとりなんぞかの迎えにもれんと。

【常に仰せられける御詞　其五・昭法全四九〇】

❶『往生礼讃』浄全四・三七六上

この濁りきった世に生きる衆生が、自分の力でさとりを開こうと励み、百千億劫という果てしなく永い時間にわたって難行・苦行を修めたとしても、それでさとりに達するほどの功徳はありません。また、この聖道門の説く行とは、清らかに心身を保ち、それに堪えられるだけの器量を持った人が勤めるべきものであります。怠け心や疑いの心を発しては、なかなか行ずることも難しいばかりか、かえって罪を作るもととなってしまうこともあるかもしれません。一方、念仏門の教えにおいては、歩いていても止まっていても、座っていても横になっていても、寝ていても目が醒めていても、お念仏を続ける上では、どのような状況でも構わず、それぞれの器量を嫌うことなどなく、余すところなく極楽往生の要因となることを疑う余地はありません。だからこそ、法照禅師は『五会法事讃』の中で「法蔵菩薩としてご修行なされていた時、阿弥陀仏は広くすべての衆生を救おうと誓いを建て、『我が名を聞いて我を呼ぶ者あらば、一人残らず迎えに参ろう。貧しき者も富める者も選ぶことなく、智慧劣る者も優れる者も選ぶことなく、仏法をよく聞く者も清らかに戒をたもつ者も選ぶことなく、戒を破る者も罪深き者も選ぶことなく、ただ心を極楽に振り向けて念仏を多く称えるのであれば、瓦礫にも似た凡夫でも、そのままに往生を遂げさせ金のごとき菩薩の姿にならしめよう』」とおっしゃっているのです。

濁世の衆生、自力をはげまんには、百千億劫難行苦行をいたすというとも、そのつとめおよぶところにあらず。またかの聖道門は、よく清浄にして、そのうつわものにたれらん人の、つとむべき行なり。懈怠不信にしては、中中行ぜざらんよりも、罪業の因となるかたもありぬべし。念仏門におきては、行住座臥ねてもさめても持念するに、そのたよりとがなくして、そのうつわものをきらわず、ことごとく往生の因となる事うたがいなし。❶彼の仏の因中に弘誓を立つ。名を聞きて我を念ぜば総べて迎来せん。貧窮と富貴とを簡ばず、下智と高才とを簡ばず、多聞と浄戒を持つとを簡ばず、破戒と罪根の深きとを簡ばず。但心を廻して多く念仏せしむれば、よく瓦礫をして変じて金と成さしむといえり。

【念仏大意・昭法全四一三】

❶『五会法事讃』本　浄全六・六八六上

お念仏の教えただ一つが、すべての人々を救うということについて。

『無量寿経(むりょうじゅきょう)』の*第十八願(だいじゅうはちがん)に「*十方(じっぽう)の衆生(しゅじょう)」と説かれているのは、あらゆる世界に誰一人として漏れる者などいないということで、阿弥陀さまご自身が「我が誓願に十方を込め、すべての衆生を救いとろう」とされたことによるのです。これについて*法照禅師(ほっしょうぜんじ)は、「*法蔵菩薩(ほうぞうぼさつ)としてご修行なされていた時、阿弥陀仏は広くすべての衆生を救おうと誓いを建(た)て、『我が名を聞いて我を呼ぶ者あらば、一人残らず迎えに参ろう。貧しき者も富める者も選ぶことなく、*智慧(ちえ)劣る者も優れる者も選ぶことなく、仏の教えをよく聞く者も清らかに戒をたもつ者も選ぶことなく、戒を破る者も罪深き者も選ぶことなく、ただ心を極楽に振り向けて念仏を多く称(とな)えるのであれば、瓦礫(がれき)にも似た*凡夫(ぼんぶ)でも、そのままに往生を遂げさせ金(こがね)のごとき、*菩薩の姿にならしめよう』と誓われた」とおっしゃっています。この一文は、「自分が貧しくて寄進ができなくとも、智慧が少ないために教えをよく理解できなくとも、戒律を守ることができずに罪を犯してしまう身であろうとも、心を浄土に振り向けてお念仏を続けていければ必ず浄土に迎え摂(と)っていただけるのだ」という意味に受け取るべきです。

一法に万機を摂する事。

第十八願に❶十方衆生と云うは、十方に漏れたる衆生無く、我が願の内に十方を込めんとなり。法照禅師云わく、❷彼の仏の因中に弘誓を立つ。名を聞きて我を念ぜば惣て来迎す。貧窮と富貴とを簡ばず、下智と高才とを簡ばず、多聞と浄戒を持つとを簡ばず、破戒と罪根の深きとを簡ばず。但、廻心して多く念仏せしむれば、よく瓦礫をして変じて金と成さしむ。云云。此の文の心は、我が身の貧窮にて*功徳を造らぬも、下知にて法門を知らぬも、破戒にして罪障を犯すと雖も、便ち廻心して多く念仏すればと思うべし。

【三心料簡および御法語・昭法全四五二】

❶『無量寿経』巻上　浄全一・七／聖典一・二八

❷『五会法事讃』本　浄全六・六八六上

第三節　浄土に生まれて

203

*地蔵菩薩をはじめとする諸々の*菩薩を軽んじてはなりません。お浄土へ往生した後、さとりを目指すお仲間となる方々なのですから。

地蔵等の諸菩薩を蔑如すべからず、往生以後、伴侶たるべきがゆえなり。

【十七條御法語・昭法全四六八】

204

*末法の世に生きる衆生にとって、（もろもろの経典を拝しても）その内容を体得することは難しいので、まず阿弥陀さまの*本願のお力に乗じて、お念仏を称えて浄土へ往生を遂げた後に、そこで阿弥陀さまや観音菩薩・勢至菩薩にお目にかかり、さまざまな尊い教えを学んでさとりを開くべきです。

末代の衆生、その行成就しがたきによりて、まず弥陀の願力にのりて、念仏の往生をとげてのち、浄土にして阿弥陀如来・観音・勢至にあいたてまつりて、もろもろの聖教をも学し、さとりをもひらくべきなり。

【念仏大意・昭法全四〇七】

205

深心とは、往生に対して疑いのない心です。利他真実とは、浄土に往生して後、この世に残した人々を教え導こうとする姿です。

深心というは、疑慮なき心なり。利他真実とは、得生の後、利他門の相なり。

【十七條御法語・昭法全四七〇】

206

生きている間はお念仏を称えてその*功徳が積もり、命尽きたならばお浄土に参らせていただきます。「いずれにしてもこの身にはあれこれと思い悩むことなどないのだ」と思ったならば、生きるにも死ぬにも、なにごとにも悩みなどなくなるのです。

いけらば念仏の功つもり、しならば浄土へまいりなん。とてもかくても、此の身には、思いわずろう事ぞなきと思いぬれば、死生ともにわずらいなし。

【つねに仰せられける御詞・昭法全四九五】

（↓類似法語・③170参照）

世自在王如来
専修・雑修
善知識
善導
雑行
相好・光明・説法・利生

【た行】
第四
智慧
伝教大師最澄
諂曲
天衆
天魔波旬
道綽
道心
頓教

【な行】
念仏三昧

【は行】
別時
法蔵菩薩・法蔵比丘
法華経
法照
本願
凡聖
凡夫

【ま行】
末法
弥陀の化身

【ら行】
来迎の願
輪廻
六趣
六道四生

編訳――浄土宗総合研究所
袖山榮輝（浄土宗総合研究所主任研究員）
林田康順（浄土宗総合研究所研究員・大正大学仏教学部教授）

◎出版目録をご用意しております。お気軽に下記（浄土宗出版）までご請求ください。

文庫版 **法然上人のご法語** 第二集 法語類編
令和3年10月1日　初版第1刷発行

編訳	浄土宗総合研究所
装丁	岡崎　善保（志岐デザイン事務所）
発行	浄土宗
発行人	川中　光教
	浄土宗宗務庁 〒605-0062　京都市東山区林下町400-8 TEL(075)525-2200(代表) 〒105-0011　東京都港区芝公園4-7-4 TEL(03)3436-3351(代表) URL:https://jodo.or.jp/
編集	浄土宗出版 〒105-0011　東京都港区芝公園4-7-4 TEL(03)3436-3700 FAX(03)3436-3356 E-mail:syuppan@jodo.or.jp URL:https://press.jodo.or.jp/
印刷	株式会社共立社印刷所

　ISBN978-4-88363-152-0　C3115

付　　録

1．法語別索引

◆数字は法語番号を示す。

2．成句索引

◆各法語の文中で、エッセンスになると思われる、また一般に印象深い成句となっていると思われる部分を抜き出し、そのはじめの語句を五十音順に配列して法語番号を示した。各法語本文（原文）の冒頭部分とは必ずしも一致するわけではない。(酷似文がある場合には一文のみを取り上げ、その番号は併記している)。

【あ行】

【か行】

【さ行】

【た行】

【な行】

【は行】

【ま行】

【や行】

【ら行】

【わ行】

3．語句索引

◆索引語句は名詞を中心とし、その語を含む熟語などが他に索引されている場合には→印をもって示した。数字は法語番号（原文）を示す。

【あ行】

【さ行】

【た行】

【な行】

【は行】

【ま行】

【や行】

【ら行】

【わ行】

４．用語解説

◆解説語句のうち、本集や既刊の他の項目でその語を含む熟語などが解説されている場合には→印をもって示した。その際、無印は本集、①等は本シリーズの巻数を示す。また、本文中＊を付した語で本集で取り上げていないものについては、第一集の用語解説を参照されたい（本用語解説末に一覧を記載）。

あくにん【悪人】 悪業を行う者。ここでは法然上人の法語を通じて二つの側面から悪人の概念をみてみたい。まず「罪人猶(なお)生まる、況(いわん)や善人をや（『一紙小消息』＝既刊『消息編』参照）」に代表される悪人観である。この場合の悪人（罪人）とは、文字通り罪を犯した者であり、善人とは愚かなわが身であることを自覚しつつも罪を犯さないように心がけて日々の生活を送る者を指す。こうした法語は、往生を願う衆生の視点（機辺）に立っている。それに対して「善人尚(なお)以て往生す、況や悪人をや（『三心料簡および御法語』～法語番号１６６参照）」との悪人観がある。この場合の悪人とは、いかなる仏道修行も叶わず輪廻を繰り返し、現在もなお煩悩に覆われて生きるしかない人間存在そのものであり、善人とは、自己自身も含めてすべての人間が愚かであることに無自覚な者のことを指す。こうした立場は、煩悩具足の衆生を救おうとする仏の視点（仏辺）に立っている。阿弥陀仏に救われるためには、愚かな人間としての自覚を持たねばならないという点で両者は共通であり、それを踏まえた上で両者を峻別すべきであろう。

あまにゅうどう【尼入道】 尼は剃髪して出家した女性、入道は在家のまま剃髪して出家の姿をかりた男性を指す。したがって「尼入道」を一語として捉えれば、在家のまま髪をおとして出家の姿をかりた女性となり、二語として捉えれば「尼と入道」、あるいは「尼と尼入道」となる。

かりに「尼入道」と一語に用いられたとしても、法然上人が女性を蔑視した呼称でないことは明白である。いずれにしても愚直なまでに往生を求める者を指し、専修念仏者の規範を示す言葉として、むしろ敬意と親愛の情をもって用いている点を忘れてはならない。

あわのすけ【安房の介】 多くは「阿波介」と称される。生没年不詳、12世紀末頃。京都伏見に住した占いや祈禱を生業とする陰陽師。放逸邪見にして、7人の妻を持つ大金持ち。播磨国に行く途上、道に迷ったことが機縁となり、法然上人に帰依、出家する。その後、蓄えた財宝を七人の妻に譲り、もっぱら念仏を称えた。東国に下向中、平泉中尊寺金色堂で端坐合掌して往生を遂げた。浄土宗特有の二連珠数の原型を考案したことでも有名である。

えいかん（ようかん）【永観】 長元6年～天永2年（1033～1111）。南都の浄土教者。文章博士（もんじょうはかせ）源国経の子。11歳にして禅林寺深観に師事し、後、東大寺有慶、顕真、深覚等について三論・法相を学ぶ。18歳より日別1万遍の念仏を修め、晩年は6万遍を勤めたという。光明山寺を経て、禅林寺に帰り、東南院を構えて三論教学に基づく念仏の教えを宣揚した。著書に『往生拾因』『往生講式』などがある。

えしょう【依正】 依報（えほう）と正報（しょうぼう）、依正二報ともいう。極楽浄土の荘厳と阿弥陀仏の姿の二つ。過去に修めた業の正しい報いの身の意で正報、その身の依り所とする世界の意で依報という。『観無量寿経』に説かれる十三観について善導大師は、第七華座観までを依報観とし、第八像想観以降を正報観とし、極楽浄土の荘厳を依報、阿弥陀仏をはじめ観音・勢至両菩薩を含めた聖衆をも正報としている。

えしん【恵心】→①えしんそうずげんしん【恵心僧都源信】

えぼし【烏帽子】 布や紙で作った黒色の帽子。髻（もとどり）をあげ、頭髪を整える成人男子に不可欠なかぶりもの。貴賤の別なく、広く日常的に用いられた。15 世紀以前は烏帽子をかぶらず人に頭部をさらけ出すことを恥辱とする風潮があった。

えんがく【縁覚】→しじょう【四乗】

から【唐】 漢字を中国語の音に基づいて読む「音読み」の一種（中国の宋・元・明・清代の音が伝わったものの総称。日本には宋代以後に禅僧らによってもたらされた）である。ただし、ここで法然上人が用いた「唐」は現在の漢音であり、隋・唐時代長安を中心に用いられた音で、日本には遣唐使留学生などによって伝えられた。『阿弥陀経』冒頭の「如是我聞」を「じょーしーがーぶん」と読むのは漢音である。→くん【訓】、ご【呉】

きそのかんじゃ【木曽の冠者】 平安末期の武将、木曽義仲（1154～1184＝源義仲）のこと。寿永２年（1183）５月、平氏は大軍を率いて北陸道に進撃するも義仲の前に惨敗。同７月 28 日、義仲は、安徳天皇を擁して西走する平氏一族を追討すべく入京、秩序を失った京の町を舞台に暴れ回った。しかし、次第に人心を失い、翌正月、源義経と範頼の軍勢に破れ敗死した。

ぎゃくざい【逆罪】→①じゅうあくごぎゃく【十悪五逆】

きんこく【金谷】 現在の中国、河南省洛陽の西北に位置する渓谷で、西晋の富豪、石崇（せきそう）がそこに別荘として園や館を造営した。これが金谷園である。石崇はここで詩歌の宴を催し、詩の詠めなかったものには罰と

して三斗の酒を飲ませたという故事がある。ちなみに鎌倉時代に成立の『保元物語』に「或は金谷の花をもてあそび、或は南楼の月に吟じ、すでに三十八年を送れり」と引用されるなど文学の題材に好んで用いらた。→なんろう【南楼】

ぐがん【弘願】 広大な願いの意。菩薩が誓う、すべての衆生をひとしく救おうという広大な願いのことで、特に浄土教では阿弥陀仏の本願のことをいう。

くでん【口伝】 師匠が弟子と直接対面しながら、弟子にその教えを口から誤りなく確かに伝え授けること。口授(くじゅ)、口訣(くけつ)、面授ともいう。古くインドにおいては、仏典を書写することはその聖性を害する行為であるとし、口伝えによる伝承を重んじた。その傾向は日本にも伝わり、特に真言密教において顕著である。口伝による教えは原則として文字に残されることがなく、また一定の修行を積んだ弟子を選んで授けられることから秘法、秘義と言われる。ただ、ここで法然上人は教えが一人歩きし誤解されたまま広がるよりも、師匠から直接弟子の一人ひとりに正しい教えを伝えるという意味で口伝を述べたのであろう。

くん【訓】 漢文を日本語に書き下して読むこと。訓読み。『阿弥陀経』冒頭の「如是我聞」を書き下して読むと「かくのごときを我れ聞きき」となる。→ご【呉】、から【唐】

けごん【華厳】 華厳宗、あるいは『華厳経』やその教えのこと。本経は釈尊が菩提樹の下でさとりを開くや否や、法身である毘盧遮那仏(びるしゃなぶつ)と一体になったと説き、我々が今生きているこの世界・宇宙こそが毘盧遮那仏そのものに他ならないという立場をとる。したがって本経では全宇宙に遍満する毘盧遮那仏にかわって、仏の威神力を承けた諸菩薩がさとり

の境地を説くのである。随・唐の時代に杜順・智儼・法蔵・澄観・宗密らが現れ、この経典に基づいて華厳宗が形成されるに至った。天平12年（740）、良弁の願いによって日本で最初に華厳経が講説され、また、同15年には聖武天皇により大仏（毘盧遮那仏）建立の詔勅が発せられて東大寺が建立され、わが国の華厳宗の中心となった。

けぶつ・ほうぶつ【化仏・報仏】 仏を、その働きや諸相から2種類に分けて説明したもの。化仏とは、仏が衆生救済のために人の心や状況に応じて仮に出現させた仏であり、報仏とは、菩薩の誓願に基づいて修めた行に報いて得た仏身そのものである。→さんじん【三身】

けんぎょう【顕教】 真言宗や天台宗において仏教を密教と顕教の二つに分類するうちの一つ。→けんみつ【顕密】

けんぎょう【検校】 僧職の一つ。大寺院の寺務を統轄し、僧尼を監督する。そもそもは、物事を点検し間違いを正し、さまざまに準備を施すという意。

げんぞく【還俗】 出家し僧侶となった者が、もとの俗人（世間一般の人）に還る（戻る）こと。自らの意志によって還俗する場合のほか、戒律を破ったり、罪を犯したことにより、所属する宗派等から破門されて還俗する場合がある。歴史的には官命によって還俗させられた例もある。復飾とも。

けんみつ【顕密】 顕教と密教のこと。真言宗や天台宗では仏教をこの二つに分類する。真言宗は、森羅万象に遍満し宇宙の真理そのものである大日如来を本尊とし、仏の境界にある者以外には大日如来そのものである真理の教えを知り得ないので密教といった。これに対し、いまだ仏

の境界に至らぬ者を教え導くため、釈迦如来などの諸仏が衆生のそれぞれの能力・状況に合わせ、真理の教えを理解できるようにと顕わに説いた教えを顕教といった。密教の立場では顕教を仮の教え、権教としている。天台宗では、声聞・縁覚・菩薩の三乗の教えを顕教とし、天台大師智顗の説く法華一乗の教えを密教とする立場（台密）もある。法然上人はこうした顕密二教もすべて聖道門の教えに含めた。

ご【呉】 漢字を中国語の発音に基づいて読む「音読み」の一種。呉越地方の発音で、日本には奈良時代以前に伝わった音の総称。仏典・仏教語は呉音で読まれることが多い。『阿弥陀経』冒頭の「如是我聞」を呉音では「にょーぜーがーもん」と読む。→くん【訓】、から【唐】

ごうがしゃ【恒河沙】・ごうじゃ【恒沙】「恒河」はガンジス川、「恒河沙」とはそこにある砂のことで、その数の途方もなく多いことをたとえた語。「恒沙」も同意。

こうみょう【光明】（1）→①そうごう・こうみょう・せっぽう・りしょう【相好・光明・説法・利生】。（2）阿弥陀仏の四十八願の中に「もし我れ仏を得たらんに、光明能く限量あって、下、百千億那由他諸仏の国を照らさざるに至らば、正覚を取らじ（第十二光明無量願）」とあり、阿弥陀仏は自身の放つ救いの光明が限りなく、あらゆる仏の国々を照らすと誓われている。

ごぎゃく【五逆】→①じゅうあくごぎゃく【十悪五逆】

ごじょく【五濁】 時代が下るにつれて増進する五つのけがれや乱れ、厄災のこと。劫濁、見濁、煩悩濁、衆生濁、命濁の五つ。劫濁は時代の乱れで、他の四つが起こる時代であること。見濁は思想のみだれで、

誤った思想や見解がはびこること。煩悩濁は、貪りや怒り、愚かさなどの煩悩（ぼんのう）が盛んに起こるようになること。衆生濁は、人びとの心身の能力が低下して善行が行われなくなること。命濁は、人の寿命が短くなり最低10歳までになることを指す。五濁の起こる時代を五濁悪世（あくせ）といい、末法（まっぽう）と重ねて考えられた。浄土宗がよりどころとする教えの体系は、この時代認識を基盤にしている。→まっぽう【末法】

ごせつ【五説】 五種の説き手に従って分類した仏教の教え。龍樹の『大智度論』巻２に「仏法に五種人の説あり。一には仏自らの口説、二には仏弟子の説、三には仙人の説、四には諸天の説、五には化人の説なり」とあり、また善導の『観経疏』玄義分には「諸経の起説、五種を過ぎず。一には仏の説、二には聖弟子の説、三には天仙の説、四には鬼神の説、五には変化の説なり」などとある。

ごだいさん【五台山】 中国山西省五台県東北部にあり、東・西・南・北・中の五つの峰からなる山。清涼山とも称する。４世紀頃より文殊菩薩の霊地として信仰を集め、盛時は三百余寺の寺院を擁した。峨眉山（がびさん）・普陀山（ふださん）と共に中国仏教の三大霊山の一つ。法照禅師が竹林寺を創建して念仏三昧を修したことでも有名。→だいしょうちくりんじのき【大聖竹林寺の記】、ほっしょうぜんじ【法照禅師】

ごねん【五念】（＝五念門の略）、ごねんもん【五念門】 極楽浄土に往生するための五種の実践行。世親の『往生論』に説かれている。礼拝門（らいはいもん）（身に阿弥陀仏を礼拝する）、讃歎門（さんだんもん）（口に阿弥陀仏を讃歎する）、作願門（さがんもん）（心に極楽浄土往生を願う）、観察門（かんざつもん）（智慧を以て阿弥陀仏やその極楽浄土の相を観察する）、廻向門（えこうもん）（利他の心を以て一切衆生の救済を願う）の五。体系的な往生行の先駆けとして曇鸞大師、善導大師へと受け継がれ、善導大師の『観経疏』において五種正行へと展開、昇華された。

こんせん【金山】 仏教の世界観の中で、世界の中心である須弥山を七重に取り囲む金色に輝く山脈の総称。金色に輝く山。

ざっしゅ【雑修】→①せんじゅ・ざっしゅ【専修・雑修】

さんあくしゅ（さんなくしゅ）【三悪趣】 →①さんあくどう（さんなくどう）【三悪道】

さんげん【三賢】 菩薩の 52 の階位の内、十住・十行・十廻向の三位を指す。菩薩の階位は経典によって諸説があるが、『菩薩瓔珞本業経』によれば次のようである。まず十住とは、完成された智慧（般若波羅蜜）に住し、自己は縁起によって生じた空（人空）であると体得して一切の功徳を修めている十段階の境界。次に十行とは、一切の事象は空（法空）であると体得し、さらに般若波羅蜜を行じている十段階の境界。そして十廻向とは、人法二空の無差別を体得し、これまで修めた功徳を自己のさとりへと廻向する十段階の境界。これら三賢とさらに進んだ十地（十聖）を合わせて高位の菩薩の総称することがある。

さんじん【三身】 仏を、その働きや諸相から三種類に分けた総称。法身（真理・真如そのものでありさとりの世界と同一不二）、報身（菩薩時代の誓願に基づく行を成就し、その報いとしてさとりを得た仏身。酬因感果身とも）、応身（衆生を導くため、衆生の求めに応じて出現した仏身）の三。『選択集』第 3 章段において法然上人は、阿弥陀仏の内なるさとり（内証）の中にこれら三身の功徳が含まれるとしながらも、『無量寿経釈』では「是れ則ち、法蔵比丘実修の万行に酬ひて、弥陀如来実証の万徳を得たまへる報身如来なり」とし、さらに『浄土随聞記』では「我れ、浄土宗を立つる元意は凡夫、報土に往生することを顕示せ

んが為なり」とお示しになり、阿弥陀仏とその極楽浄土が報身・報土であることを明言されている。なお、法然上人は『逆修説法』において報身としての阿弥陀仏を衆生救済の側面から真身・化身（化仏）の二面から説いている。→けぶつほうぶつ【化仏報仏】、しゅいんかんか【修因感果】

さんず【三途】→①さんあくどう（さんなくどう）【三悪道】

さんぜんせかい【三千世界】→さんぜんだいせんせかい【三千大千世界】

さんぜんだいせんせかい【三千大千世界】 三千世界、三千界などともいう。仏教の世界観で、宇宙を指す。世界の中心には須弥山という巨大な山がそびえ、その四方には四つの大陸があり、大海に囲まれている。さらに、それを金輪・水輪・風輪という円形の層が支えている。こうした世界を「一世界」とし、これが1000集まった世界を小千世界、小千世界が1000集まった世界を中千世界、さらに中千世界が1000集まった世界を大千世界という。大・中・小三種の千世界から形成されていることから三千大千世界の名がつけられており、これが一仏の教化する範囲とされる。

さんぞう【三蔵】 経・律・論の三。経は仏の所説を記したもの、律は教団において遵守すべき戒をも含めた規則、論は仏教教理を論述したもの。蔵は入れ物であり、そこに収められた内容も意味する。また、これらに精通した僧を三蔵法師、あるいは三蔵という。

さんぬ【三有】「存在する（有）」という現象を欲界・色界・無色界の三つの生死を繰り返す迷いの世界（三界）に配した総称。存在は煩悩に

基づいて現れることから、三有とは三界に存在する事象、さらにはその世界そのものを指す。→①さんがい【三界】

さんぷくくほん【三福九品】『観無量寿経』に説かれ、凡夫の散り乱れた心でも修められる善根（散善）。まず三福とは『観無量寿経』序分に示される世福（世俗的道徳＝孝養父母・奉事師長・慈心不殺・修十善業）、戒福（戒律を守る＝受持三帰・具足衆戒・不犯威儀）、行福（仏道修行の実践＝発菩提心・深信因果・読誦大乗・勧進行者）の三。次に九品とは、『観無量寿経』の正宗分に示される九種の往生人で、上品・中品・下品の三のそれぞれに上生・中生・下生の三を配当される。ここでは、その九品の往生人が修める行業を指す。具体的には、上品上生が慈心不殺・具諸戒行・読誦大乗・修行六念、上品中生が善解義趣、上品下生が深信因果・発菩提心、中品上生が受持五戒等、中品中生が一日一夜受持八戒、中品下生が孝養父母・行世仁慈、下品上生が一念念仏、下品中生が聞法、下品下生が十念念仏などである。善導大師は、この三福と九品は広狭の異なりこそあれ、内容上は同一のものを指すとした（開合の異なり）。→①くらいたかくおうじょうして【位高く往生して】

さんまい【三昧】→①さんまいほっとく【三昧発得】、①ねんぶつざんまい【念仏三昧】

さんみょう【三明】→①ごつうさんみょう【五通三明】

さんろん【三論】 龍樹の『中論』四巻、『十二門論』一巻、その弟子である提婆の『百論』二巻を総称して三論という。いずれも『般若経』の空思想に基づいて論じられている。これら三論に基づき、隋・唐代に吉蔵（549 − 623）がその教義を大成させ、三論宗が成立、中国十三宗の一派となった。日本では奈良元興寺の智光や礼光などが先駆となって次

第に盛んとなり、南都六宗の一つに数えられたが、平安末期頃からは衰退した。三論宗のことをたんに三論とよぶこともある。→しろん【四論】

じおんだいし【慈恩大師】 唐貞観6年－永淳元年（632 － 682）。基、あるいは窺基、大乗基などという。長安の人。17歳で玄奘の弟子となり、後に大慈恩寺に入り天竺の語学を修得。玄奘が天竺より持ち帰った経典翻訳事業に参画し、多くの経典・論書を訳出した。著述も多数あり、百本の疏主、百本の論師と称された。特筆すべきは法相宗の所依の論書となっている『成唯識論』の編訳であり、法相宗の祖として仰がれている。

ししゅ【四修】 念仏を称える際の四つの態度。恭敬修（阿弥陀仏をはじめとする仏・菩薩に敬虔な態度を保つ）・無余修（念仏以外の諸行を修めない）・無間修（念仏を途絶えることなく相続する）・長時修（浄土教に帰依したその時から命終に至るまで前の三修を継続する）の四。安心（＝三心）、起行（＝五種正行・正助二業）と共に、浄土宗の教えの綱格をなし作業といわれる。法然上人は『選択集』第9章段に「念仏の行者、四修の法を行用すべきの文」として、『往生礼讃』と『西方要決』の文を引用して解説している。

しじゅう【四重】 出家修行者が決して犯してはならない四種の重大な罪。淫（性行為）・盗み・殺人・妄語（さとっていないのに覚ったと嘘をつくこと）の四。これらを犯すと教団から追放される。

しじゅうはちきょう（しじゅうはっきょう）【四十八軽】 『梵網経』に説かれる四十八軽戒。大乗仏教の修行者が守るべき48の戒めで軽垢罪と称される。目上の者や友を敬う戒などをはじめ、十重禁戒を補助す

る役割をもつとされる。→じゅうじゅう【十重】

ししょう【四生】→①ろくどうししょう【六道四生】

しじょう【四乗】 衆生をさとりへ導く仏の教えを乗り物にたとえ、四つに分類したもの。仏の教えを聴聞し阿羅漢を目指す人を指す声聞乗、独自にさとりをひらいた人を指す縁覚乗、菩提（さとり）を求める衆生を指す菩薩乗、真理をさとった人を指す仏乗の四。また、仏乗を一乗、声聞乗・縁覚乗・菩薩乗を三乗と分けて呼ぶ場合もあり、仏の真実の教えは一つで、すべての衆生が平等に仏になれると説く仏乗のみを一乗（一仏乗）とし、声聞乗・縁覚乗・菩薩乗のそれぞれに固有な三種のさとりへの道があるとするのが三乗である。

じっしょう【十聖】 菩薩の 52 の階位の内、三賢よりさらに進んだ最終の十段階、すなわち十地を指す。菩薩の階位は経典によって諸説があるが、『菩薩瓔珞本業経』によれば、十地の最終段階、法雲地の菩薩は「真理と一体となりあらゆる世界に遍満し、迷いも覚りも実は一つの世界であると体得し、あらゆる功徳を携えて衆生に働きかけ、常にその功徳を現す」とあり、仏とほぼ同等の働きを具えているといえよう。→さんげん【三賢】、①ぼんしょう【凡聖】

しっちん【七珍】 七宝のこと。金・銀・琉璃（猫眼石のことか）・頗梨（水晶のこと）・車渠（貝の一種）・赤珠（珊瑚）・馬瑙などの七種の宝石。経典により異説がある。

しど【四土】 仏の在す国土をその仏（仏身）の性格と照合して四種に分類したもの。天台大師智顗の『観経疏』では凡聖同居土・方便有余土・実報無障礙土・常寂光土の四土をあげ、慈恩大師窺基の『成唯

識論』では法性土・自受用土・他受用土・変化土の四土をあげている。この他にも諸説があるが、親鸞は『末燈鈔』八に「法身の土、報身の土、応身の土、化土」と示している。おそらくこれは法然上人の「四土の中には報土」という所説を念頭においたものであろう。→ごせつ【五説】

しゃえ【舎衛】 古代インド、コーサラ国の都市シュラーヴァスティー。都市を表す「城」を加えて舎衛城ともいう。釈尊在世前後に栄え、釈尊が布教した主な地域の一つで、かの祇園精舎もこの地に建てられた。『阿弥陀経』など多くの経典がここで説かれたとされる。また『大智度論』巻９などによれば、「釈尊が25年にわたって布教した舎衛には９億の家があった。その内、３億の家の人はその目で釈尊を拝見し、他の３億は釈尊のことを耳にした。しかし、残りの３億は見もしなければ聞いたこともなかった」とある。

じゅうあく【十悪】→①じゅうあくごぎゃく【十悪五逆】

しゅいんかんか【修因感果】 酬因感果（しゅういんかんか）とも。修めた原因にしたがってその結果を受けること。因果の道理。善因を修めれば善果が生じ、悪因を修めれば悪果が生じる。また、自因自果、他因他果なども含まれる。菩薩が願を発して修行したという原因の報いとして、成仏という結果が体得される。これが仏道修行の基本概念である。このような因果の道理にしたがってさとりを開いた阿弥陀仏などの仏身を酬因感果身という。→えしょう【依正】

じゅうさんのしつ【十三の失】 念仏とその他の諸行を比較した場合、念仏による往生は百即百生で例外がないのに対し、諸行による往生が千中無一でほとんど叶わないとされる理由のこと。十三得失、十三相対などともいう。善導大師の『往生礼讃』に基づき、念仏往生が百即百生で

ある理由として、①正念が得られる、②阿弥陀仏の本願と相応している、③釈尊の教えに違わない、④諸仏の証誠に順じている、の四種を挙げている。それに対して、諸行往生が千中無一である理由として、①正念が得られない、②阿弥陀仏の本願と相応していない、③釈尊の教えに違っている、④諸仏の証誠に順じていない、⑤行者としての心が相続しない、⑥行が相続しない、⑦廻向発願の心が真実とならない、⑧煩悩が発りがちである、⑨懺悔の心が発らない、⑩弥陀・釈迦二尊への報恩の心が発らない、⑪行者の心に驕慢の思いが発る、⑫行者を導く善知識と疎遠になる、⑬好んで諸行に近づき自らの往生を妨げられる、以上の十三種を挙げている。この十三の失を反面になぞらえれば、そのまま念仏の得へと通じるといえよう。

じゅうじ【十地】→じっしょう【十聖】

じゅうじゅう【十重】 十重禁戒のこと。『梵網經（ぼんもうきょう）』に説かれる重罪。これを犯すと教団から追放に処せられることから、これを十波羅夷罪、十波羅提木叉ともいう。殺戒・盗戒・婬戒・妄語戒（覚っていないのに覚ったと嘘をつく）・酤酒戒（酒を売る）・説過罪（他者の罪をあばく）・自讃毀他戒（自分をほめ、他人を非難する）・慳惜加毀戒（他者に財物や仏法を与えることを惜しむ）・瞋心不受悔戒（他者の謝罪を受け入れず、激しく怒る）・謗三宝戒（仏法僧をそしる）の十。→しじゅう【四重】

じゅうぜん【十善】 十種の善根。十善戒、十善道などともいう。不殺生（生き物を殺さない）、不偸盗（他人のものを盗まない）、不邪淫（よこしまな男女関係をもたない）、不妄語（嘘をつかない）、不両舌（二枚舌をつかわない）、不悪口（他人の悪口を言わない）、不綺語（不誠実な言葉をつかわない）、不貪欲（むさぼりの心を発さない）、不瞋恚

(怒り腹立ちの心を発さない)、不邪見（よこしまな心を発さない）の十。前三が身体、中四が言葉、後三が心にそれぞれ配当されている。十悪の対。→①じゅうあくごぎゃく【十悪五逆】、じゅうじゅう【十重】

じゅぶせっぽう【鷲峯説法】 霊鷲山における釈尊の説法。霊鷲山は、インドビハール州の中央、かつてのマガダ国の首都ラージャグリハ（王舎城）の東北に位置する小高い山である。鷲峰の名の由来は、山の頂きが鷲に似ているから、あるいは、鷲が多く住んでいるからとも言われている。略して霊山、あるいは、インドの言葉を漢字にあてて耆闍崛山とも称される。この山で『無量寿経』や『法華経』など多くの大乗経典が説かれたとされる。

じゅみょう【寿命】 いのち。阿弥陀仏の四十八願の中に「もし我れ仏を得たらんに、寿命能く限量あって、下、百千億那由他劫に至らば、正覚を取らじ（第十三寿命無量願)」とあり、阿弥陀仏は自身の寿命に限りがないことを誓われている。

じゅんし【順次】→じゅんしのおうじょう【順次の往生】

じゅんしのおうじょう【順次の往生】 命終の後、次の生においてただちに極楽浄土へ往生を遂げること。次の生のことを順次生（じゅんししょう）という。『摂大乗論』を依拠とする摂論家は、願のみあって行のない不完全な念仏行による往生は、幾たびも生死を繰り返した後にはじめて遂げられる別時意の教えであるとした。それに対し、道綽禅師・善導大師・懐感禅師が論駁を加えた。特に善導大師は、南無阿弥陀仏の念仏には願も行も具わる何不足のない行であるから、命終後ただちに往生が遂げられると明らかにした。→べつじい【別時意】

じょうぎょうどう【常行堂】 常行三昧を行ずるための道場。天台大師智顗の『摩訶止観』に説かれる四種三昧の一つが、口に念仏を称え、心に仏を憶念しながら阿弥陀仏像のまわりを九十日のあいだ行道する常行三昧である。仁寿元年（851）、慈覚大師円仁が比叡山東塔に建立した。

しょうこう【小康】 ？－貞元21年（805）。いまの中国・浙江省縉雲の生まれ。越州嘉祥寺で受戒し、律を学ぶ。貞元年間の初め洛陽白馬寺に登嶺したところ、眼前に忽然と輝く善導大師の西方化導文に出会い、その教えに帰依した。後、長安の善導大師を祀る堂で霊瑞を感得、以後、小児が一声念仏すると一銭を与えるなど念仏に親しむよう工夫をこらし、1年後には老少男女皆が念仏を称えたという。著作に『往生西方浄土瑞応刪伝』がある。「後善導」とも称された。法然上人は浄土五祖の第五に配している。

しょうじょう【小乗】 劣った乗り物の意。部派仏教の卑称とされ、大乗仏教に対する語。利他を標榜とする菩薩行の仏教徒は、自らの教えを大乗、すなわち大きな乗り物と呼び、それと比較して部派仏教（声聞と縁覚の二乗）を小乗と称した。現在、部派仏教の流れをくむ東南アジアの仏教は、差別的呼称である小乗仏教とは呼ばれず、上座部仏教などと呼ばれている。→しじょう【四乗】、だいじょう【大乗】

しょうぜんごん【少善根】 功徳の少ない善根。浄土宗においては念仏以外の諸行を指す。『阿弥陀経』の「少善根福徳の因縁を以て彼の国に生ずることを得べからず」との一節を典拠とする。『阿弥陀経釈』の中で法然上人は「大小の義、諸師異説あり。今、善導に依らば、雑善を以て名づけて少善と為す」と示された。そして法然上人は『龍舒浄土文』の記載から明らかになった『阿弥陀経』の欠落部分の経文を典拠に、『選択集』第十三章段において念仏こそが多善根であると主張された。

しょうどう・じょうど【聖道・浄土】→①しょうどうもん・じょうどもん【聖道門・浄土門】

しょうもん【声聞】→しじょう【四乗】

じょうどのいちもん【浄土の一門】、じょうどもん【浄土門】→①しょうどうもん・じょうどもん【聖道門・浄土門】

しら【尸羅】　戒のサンスクリット語 śīla、パーリ語 sīla の音写語。戒とは、仏教に帰依したすべての者が本来的に守らなければならない行為であり、戒めとして遵守することを誓う事項。

じりのごういん【事理の業因】　さとりを目指して修める事や理の行。事とは個々の因縁に応じて顕現する具体的な事象のことで、その行とは千差万別の経験世界を通じて修めるものであり、理とは真理そのもののことで、その行とは自他の差別を超え真理そのものに帰入するものである。『往生要集』などでは、極楽に往生するための行としてこれを位置づけ、仏の姿やその浄土のありさまを心に映し出す行を事の業因、自己が真理そのものである仏に帰入するよう勤める行を理の業因としている。

しろん【四論】　三論に龍樹の『大智度論』百巻を加えた論書の総称。→さんろん【三論】

しんげのきょうもう【信外の軽毛】　菩薩の階位の内、はじめの十信の位にも至らぬ凡夫を指す。極めて軽い羽毛が風に吹かれて右へ左へと激しく舞う様子に、いまださとりを求めず乱れて定まらない凡夫の心のさまを喩えたものである。

しんごん【真言】（1）→①しんごんしかんのぎょう【真言止観の行】（2）真言宗、あるいはその教えのこと。真言宗は、平安時代に弘法大師空海が中国から密教を伝えて大成させた宗派。金剛峯寺（高野山）と教王護国寺（東寺）を根本道場とし発展したが、平安末期に覚鑁（1095 － 1144）が現れ新義派を興し、古義派と分裂した。真言宗は開祖を大日如来に求め、その直説『大日経』と『金剛頂経』を所依の経典とする。その所説によれば、一切の諸仏・諸菩薩も森羅万象もすべては六大（地・水・火・風・空・識）を本体とし、それがそのまま大日如来の顕現であり、それを金剛界、胎蔵界の二つの曼陀羅に象徴させている。修行者は身に印を結び、口に真言を誦し、心に本尊や曼陀羅を観ずる三密瑜伽の修行により、自己と大日如来とが一体となる即身成仏を目指す。→けんみつ【顕密】

せしん【世親】（＝天親） 5世紀頃のインドの仏教学者。インドの発音にならい婆須槃頭・婆須槃豆菩薩ともいう。ガンダーラ地方に生まれ、はじめは部派仏教においてその教理を学んだが、後に兄無著の勧めにしたがって大乗仏教に帰入した。唯識教学の興隆をもたらし、八十歳にて没す。『倶舎論』『唯識三十頌』『大乗荘厳経論』『十地経論』『摂大乗論釈』など多くの著作を記し千部の論師とうたわれた。特に『往生論（無量寿経優婆提舎願生偈）』の思想は後世の浄土教者に大きな影響を与え、法然上人は『選択集』第一章に「浄土三部経」と共に三経一論として『往生論』を浄土宗所依の論書に位置づけた。

ぜっそう【舌相】→①したをのべて【舌をのべて】

せっぽう【説法】→①そうごう・こうみょう・せっぽう・りしょう【相好・光明・説法・利生】

せんじゅ【千手】 千手観音のこと。詳しくは千手千眼観世音菩薩、千臂千眼観世音菩薩という。千本の手それぞれに一眼がある。慈悲による救済の働きを手によって表し、衆生を導く智慧を眼によって象徴しているという。さらに千という数を挙げてそれらの広大無辺なる働きを示し、千手千眼の姿に衆生のあらゆる苦悩に対応して救済しようとの願いが強調されている。

だいしのごひゃくねん【第四の五百年】 末法思想のうち、『大集経』月蔵分に説かれる「五五百歳（五百年ごと五段階にわたって順次に法が滅びていくこと）」の第四番目。釈尊滅後1500年から２千年の期間で、少なくとも塔や寺院が多く建てられる多造塔寺堅固の時代。ちなみに第一期の五百年は修行者が解脱可能な解脱堅固の時代、第二期は禅定による精神統一が可能な禅定三昧堅固の時代、第三期は経典読誦や多くの聞法が可能な読誦多聞堅固の時代、そして第五期が仏教者が自説に固執し互いに仏法を謗り合う闘諍堅固の時代である。→①まっぽう【末法】

だいじゅうくのがん【第十九の願】→①らいこうのがん【来迎の願】

だいじゅうはちがん【第十八願、第十八の願】→①じゅうはちがん【十八願】

だいじょう【大乗】 大きな乗り物の意で、小乗に対する語。インドで紀元前後頃に起こった新しい仏教運動のなか、利他を標榜とする菩薩行の仏教徒は、自らの教えを大乗と呼び、それと比較して部派仏教（声聞と縁覚の二乗）を小乗と称した。→しじょう【四乗】、しょうじょう【小乗】

だいしょうちくりんじのき【大聖竹林寺の記】 唐法照禅師作。一巻。大暦5（770）年、法照が五台山竹林寺の大講堂において普賢・文殊両菩薩をはじめとする聖衆たちにまみえ、念仏を授かったという奇瑞を記した石碑が流布したものと考えられている。円仁の『入唐新求聖教目録』に「五台山大聖竹林寺釈法照得見台山境界記一巻」とあり、五台山で円仁が書写したというが書物自体は現存しない。法然上人の『念仏大意』『登山状』『阿弥陀経釈』などにこの奇瑞が引用されている。→ごだいさん【五台山】

てんげん【天眼】（1）→①ごつうさんみょう【五通三明】（2）普通では見えない物も含めて、あらゆる事象を見通す超人的な眼。（3）阿弥陀仏の四十八願の中に「もし我れ仏を得たらんに、国中の人天、天眼を得ず、下、百千億那由他諸仏の国を見ざるに至らば、正覚を取らじ(第七天眼智通願)」とあり、阿弥陀仏は極楽浄土に往生した者に皆、天眼通を得せしめて、あらゆる仏の国々まで見通すことができるようにと誓われている。

てんに【天耳】（1）→①ごつうさんみょう【五通三明】（2）阿弥陀仏の四十八願の中に「もし我れ仏を得たらんに、国中の人天、天耳を得ず、下、百千億那由他諸仏の諸説を聞きて、悉く受持せざるに至らば、正覚を取らじ（第八天耳智通願)」とあり、阿弥陀仏は極楽浄土に往生した者に皆、天耳通を得せしめて、あらゆる仏の説法を聞くことができるようにと誓われている。

てんじん【天親】→せしん【世親】

てんだい【天台】 天台宗のこと。中国の天台大師智顗（ちぎ）（538 − 597）の教えに基づき、伝教大師最澄（767、一説に766 − 822）が比叡山に

延暦寺を創建し、開宗。智顗は釈尊一代の説法を分類体系化し『法華経』を所依の根本経典と定め、森羅万象がそのまま真理である（諸法実相）と体得する境地を目指し、その実践として四種三昧を説いた。最澄はこれに密教を加えたが、この流れを台密と呼ぶ。法然上人はじめ、栄西や道元、親鸞、日蓮など、鎌倉新仏教の祖は多くここに学んだ。なお、天台大師智顗をたんに天台と呼ぶこともあり、法然上人の法語中にもその用例が見られる。→けんみつ【顕密】

とうり【忉利】 仏教の世界観の中でいう忉利天のこと。忉利とは「三十三」を意味する梵語「トラーヤストゥリンシャー」の音をあてたもの。三十三天とも訳される。六欲天の下から第二層にある天界。世界の中心とされる須弥山の頂上にあり、帝釈天（釈提桓因、インドラともいう）を首領とする33種の神々のすみかである。ちなみに太陽や月、星々は須弥山を軸としてその中腹あたりを水平に巡っているという。→ろくよくしぜん【六欲四禅】

とくさんぼうにん【得三法忍】 三法忍とは無生法忍（事象の不生不滅をさとる智慧）などのさとりをもたらす三種の智慧。阿弥陀仏の四十八願の中に「もし我れ仏を得たらんに、他方国土の諸もろの菩薩衆、我が名字を聞きて、すなわち第一・第二・第三法忍に至ることを得ず、諸仏の法において、すなわち不退転を得ること能わずんば、正覚を取らじ（第四十八得三法忍願）」とあり、阿弥陀仏は極楽浄土に往生した者に皆、三法忍を得せしめて、さとりを目指す心が退転しないようにと誓われている。

とそつ【都率】 仏教の世界観の中でいう兜率天のこと。兜率とは梵語「トゥシタ」の音をあてたもので都史多天などともいう。六欲天の上から第三層にある天界。大乗仏教においては、釈尊入滅後、五十六億七千

万年後にこの世に現れる仏とされる弥勒（みろく）菩薩の住む住処であるという。→ろくよくしぜん【六欲四禅】

どんらん【曇鸞】 生没年は不詳だが、一説には北魏承明元年～東魏興和４年（476～542）とされる。山西省雁門（一説に太原）の生まれ。十五歳にして出家・修学し、特に中観系の四論（『中論』『十二門論』『百論』『大智度論』）に精通した。『大方等大集経』注釈中に病を得、平癒後、不老長寿の獲得のため、江南に陶弘景を訪ね『仙経』を授かる。帰路、洛陽にて菩提流支三蔵に会い、『仙経』の教えの限界を指摘されると共に、浄土往生に永遠のいのちを求める『観無量寿経』を授けられた。曇鸞はすぐさま『仙経』を焼き捨て、浄土教に回心した。後、魏帝の帰依を受け山西省太原の大寺（大巖寺）、続けて石壁の玄忠寺に住し、広く浄土教を宣揚した。一説に67歳寂という。玄忠寺は中国浄土教の祖庭となっている。著書に『往生論註』二巻、『略論安楽浄土義』『讃阿弥陀仏偈』各一巻などがある。法然上人が定めた浄土五祖の筆頭。

なんろう【南楼】 南にある高殿。晋の将軍庾亮（ゆりょう）が武昌県江夏駅の南楼で秋月を賞詠したとの故事にならい観月の場所、あるいは観月をいう。→きんこく【金谷】

にきょう【二教】 ここでは頓教と漸教のこと。仏教の分類には諸説あるが、頓教とは衆生をして即座に覚りに導く教えであり、漸教とは長期間の修行によって段々と覚りに向かわしめる教えである。善導大師は『般舟讃』において、菩薩の教えを頓教と漸教とに分け、漸教とは『瓔珞経』に説かれる教えであり、これに対して頓教は『観無量寿経』や『阿弥陀経』に説かれる教えで、わずか一日七日の念仏を称えれば命終の後には即座に極楽に往生が叶い、そこで仏道を修め速やかに覚りに至ると説いた。→①とんぎょう【頓教】

にじゅう【二住】 止住と不住の二つをまとめたもので、止住とは世にとどまること、不住とはこの世から姿を消すこと。ある文献では、浄土の教えは末法の後、仏の教えが滅んでも百年間はこの世に留まるため止住の教えとされ、それ以外の修行は、仏の教えが滅んだ後には姿を消してしまうため不住の教えとされる。→①しょうどうもん【聖道門】、①まっぽう【末法】

にちょう【二超】 迷いの世界を離れ、極楽浄土に往生するために要する時間を長短二つに分類した考え方。竪超と横超。竪超とは、念仏以外の諸行により、永い歳月を経た後に輪廻を解脱し覚りを得ることをいう。それに対し、横超とは、念仏によって阿弥陀仏の本願力に乗じ、速やかに輪廻を解脱し、極楽浄土に往生し、なおかつそこで覚りを得ることをいう。『観経疏』において善導大師は、「横超断四流、願入弥陀海」と述べ、念仏者は迷いの世界へと流れ込む四種の煩悩を即座に断ち切り、速やかに阿弥陀仏の極楽浄土の大海に入れると示している。

ねはん【涅槃】 覚りの境地のこと。煩悩の火が吹き消され滅した状態を示している。覚った状態にあっても肉体を残している以上、煩悩が繰り返し生じるのでこの状態を有余涅槃とし、死後、肉体が滅してからはじめて完全な覚り（無余涅槃）が得られるとする。ここから後に、釈尊の入滅（死）をも涅槃というになった。釈尊が入滅の際に説いた教えが『涅槃経』であり、その時、釈尊を取り囲む沙羅双樹が悲しみの余り白く枯れて鶴が群がるさまに見えたといわれる。そのことから釈尊の入滅を特に「鶴林涅槃」という。

はくじていげ【薄地底下】 凡夫の境地のうち、智慧が薄くこれより下がない最も劣った境地。またその人。

はちなん【八難】 仏道を修め難い八種の境界。まず地獄、餓鬼、畜生の三は苦しみにさいなまれているから、長寿天、辺地（天界に属す）の二は安楽にふけり仏道を志そうとしないから、盲聾瘖瘂は感覚器官が不自由なため修行に困難が伴うから、世智弁聰は世俗の知恵にたけてはいても邪見があるから、仏前仏後は仏の在世に巡り会わないから、とされる。八不閑、八非時、八悪などともいう。

はちねつ【八熱】 八熱地獄のこと。八大地獄ともいう。等活地獄（さまざまな責め苦により、死に至ろうとも再び蘇生して同じ責め苦に遭う境界）、黒縄地獄（体に巻かれた鉄の黒縄に沿って切り刻まれ苦しむ境界）、衆合地獄（鉄の臼の中で鉄の杵で打たれ苦しむ境界）、叫喚地獄（煮えたぎる湯の釜に投げ入れられるなどして叫び続ける境界）、大叫喚地獄（叫喚地獄の苦しみの程度がさらに大きい境界）、焦熱地獄（猛火や炎熱の責め苦に遭う境界）、大焦熱地獄（焦熱地獄の苦しみの程度がさらに大きい境界）、阿鼻地獄（無間地獄ともいう＝極限の苦しみに絶え間なく遭う境界）の八。→①じごく【地獄】

はらみつ【波羅蜜】 梵語「パーラミータ」の音写語。究極・最上・完成などの意で、彼岸（さとりの世界）に到ることと解釈される。菩薩（大乗仏教の修行者）が修めるべき実践徳目で、いわゆる『般若経』に説く六波羅蜜が広く知られる。→ろくど【六度】

びゃくどう【白道】 娑婆世界から極楽浄土へと通じる一筋の細く白い道。ただし、火の河と水の河に左右から挟まれている。善導大師が『観経疏』廻向発願心釈中に示した願往生心の比喩。二河白道ともいう。煩悩多き衆生の心に根ざした願往生心は、譬えていえば幅四、五寸ばかりのか細い白道であるけれども、往生を願う清浄な心として重んぜられて

いる。法然上人は『選択集』第８章段で二河白道の比喩を全文引用し、後の浄土教者にも多大な影響を与えた。そのありさまを描いた二河白道の絵図は多く伝えられ、現在も信仰を呼び起こすために説き続けられている。

ふげん【普賢】 普賢菩薩のこと。『華厳経』普賢行願品に説かれる、その十大願や菩薩として衆生を救う徳行が知られている。釈迦如来の右脇侍（きょうじ）（「わきじ」とも）としてまつられ、白い象に乗った影像が多い。→もんじゅ【文殊】

ふぞくのしゃく【付属の釈】『観無量寿経』流通分中に説かれる「仏、阿難に告げたまはく、汝好く是の語を持て、是の語を持てとは、即ち是れ無量寿仏の名を持てとなり（現代語訳は法語番号 37、82、82-2 参照）」の一節を、『観経疏』において善導大師が「上来、定散両門の益を説くと雖も、仏の本願に望むれば、意、衆生をして一向に専ら弥陀仏の名を称せしむるに在り（現代語訳は法語番号 64 参照）」と解釈した文。この文は、他の諸々の諸行をさしおいて専ら本願念仏を称えることこそ釈尊の本懐なのだと主張している。またこの文は付属の文とも呼ばれ、『一期物語』などでは、法然上人による浄土宗開宗のきっかけとなった開宗の御文として位置づけられている。

べつじ【別時】 別時念仏の略称。特別に場所を設け、日時を限って励む称名念仏行のこと。もちろん日々の念仏が最重要であることは言うまでもないが、法然上人は、人の心はとかく粗雑で日頃の念仏を怠りやすいので、折に触れ別時念仏を修めて、願往生心が退かぬようにせよと勧め、自らもしばしば実践された。なお、日々の念仏行を「尋常の念仏」、命終の際に称える念仏を「臨終の念仏」といい、「別時念仏」を加えて「三種行儀」という。

べつじい【別時意】 釈尊が『観無量寿経』に「わずか一遍や十遍でも念仏を称えれば往生する」と説いたのは、死後ただちの往生（順次（じゅんし）往生）ではなく、いつか遠い来世（別時）に叶うことを示したとする説。『摂大乗論』を依り所とする学派（摂論家（しょうろんげ））が主張した。唯願別時意、往生別時意ともいう。→じゅんしのおうじょう【順次の往生】

べっとう【別当】 僧職の一つ。大寺院の代表者であり、仏法の興隆・伽藍の修治を主催した。

べんな【弁阿】 応保2年－嘉禎4年（1162 － 1238）。浄土宗第二祖弁阿弁長聖光上人。鎮西上人、筑紫上人、善導寺上人ともいう。応保2年5月6日、筑前国遠賀郡香月荘楠橋邑（福岡県）に生まれる。7歳にして出家、天台の教えを学ぶ。後、比叡山に登嶺し宝地房証真などに学び天台の奥義を究めた。建久元年に帰郷し、翌年には油山（あぶらやま）の学頭となり、廃絶していた明星寺の三重塔再建に着手し、建久8年、塔に安置する本尊造立のために上京。その折り、法然上人を訪ねて法論を交わした結果、法然上人に帰依した。仏像の開眼法要のため一端帰国するものの建久10年には再び上京し、法然上人から教えを授かり、『選択集』を付属され、元久元年まで上人の膝下にあった。帰郷後は、布教伝道・寺院建立・著述活動に努め、念仏興隆に尽力し、嘉禎4年閏2月29日、77歳で往生を遂げた。『末代念仏授手印』一巻、『徹選択集』二巻など著述多数。諡号（しごう）は大紹正宗国師（だいじょうしょうじゅうこくし）。

ほうぞう【法蔵】→①ほうぞうびく【法蔵比丘】

ほうぶつ【報仏】→けぶつ・ほうぶつ【化仏・報仏】

ぼさつ【菩薩】→しじょう【四乗】

ぼだいるし【菩提流支】 生没年代不詳。4世紀後半から5世紀前半に活躍したインドの訳経僧で「三蔵」とうたわれた。北魏永平元年(508)、洛陽に至り、宣武帝の外護を受け永寧寺・般舟寺などに住し、訳経事業に専念した。『十地経論』『不増不減経』『入楞伽経』など39部127巻を訳出。世親の『無量寿経論（往生論)』をはじめ浄土教に関する翻訳も多い。曇鸞大師の浄土教回心の契機を与えた人物としても知られている。道綽禅師は『安楽集』において六大徳相承の筆頭に位置づけ、法然上人は『選択集』において唐宋両伝に基づいた相承の筆頭に配している。

ほっそう【法相】 一切の事物のあり方、本性、ありのままの姿のこと。本編では「法相宗」の略語として使われている。→ほっそうしゅう【法相宗】

ほっそうしゅう【法相宗】 唐代に慈恩大師窺基（632－682）を祖と仰ぎ、唯識（あらゆる現象、存在はすべて識〈心〉の表象にすぎないとする説）の立場から、五重唯識観という修行によってさとりを求める学派。日本には奈良時代に伝わり、現在は興福寺と薬師寺が大本山。→ほっそう【法相】

みっきょう【密教】→けんみつ【顕密】、しんごん【真言】

みつごんけぞう【密厳華蔵】 密厳浄土と蓮華蔵世界のこと。密厳浄土とは如来が自ら安住するさとりの世界でありながら、凡夫の思議を超えて微細に荘厳された浄土でもある。真言密教においては大日如来の浄土のことをいう。『一期大要秘密集』において覚鑁（1095－1144）は

「あらゆる仏の本体は大日であり、あらゆる浄土も大日の密厳浄土に他ならず、したがってこの娑婆世界を離れて極楽浄土はない」と述べ、さらに蓮華蔵世界も極楽浄土も、密厳浄土の別称に過ぎないとしている。次に、蓮華蔵世界とは『華厳経』によれば、毘盧遮那仏(びるしゃなぶつ)そのものが浄土として顕現し、その浄土に生えている大蓮華の中に縦横無尽の網の目のように一切のあらゆる世界が展開している無限の世界である。この娑婆世界もその中に含まれている。また『梵網経』によれば、毘盧遮那仏は千もの葉のついた大蓮華を台座とし、そこに坐しながらも、同時にそれぞれの葉に顕現している世界の一々に千人の釈迦となってその身を現すという。

もんじゅ【文殊】・もんじゅしり【文殊師利】 文殊菩薩のこと。特に般若経典でしばしば登場し、完全な智慧をそなえた菩薩として知られる。「三人寄れば文殊の智慧」はこれに端を発した諺である。釈迦如来の左脇侍(きょうじ)(「わきじ」とも)としてまつられ、獅子に乗った彫像が多い。『華厳経』に「東方清涼山をその住所とする」とあることから五台山の清涼寺が霊地とされている。→ふげん【普賢】

やくし【薬師】 薬師如来、薬師瑠璃光如来のこと。十二の願を発し、それを成就して東方に浄瑠璃（じょうるり）世界を建立し、そこで教えを説いている仏。人々の病苦を除き安楽を与えて解脱へと導く。中国や日本で篤く信仰されている。

りしょう【利生】→①そうごう・こうみょう・せっぽう・りしょう【相好・光明・説法・利生】

りゅうじゅ【龍樹】 紀元150～250年ごろの学僧。南インド出身でナーガールジュナという。大乗経典の研究をはじめ、空の思想を哲学的

に基礎付けるなど後世の仏教思想の発展に大きな影響を及ぼした。『中論』『大智度論』『十住毘婆沙論』など龍樹の著作とされるものは数多く、日本でも八宗（南都六宗、天台宗、真言宗）の祖と仰がれている。『十住毘婆沙論』に説く難易二道の教えは浄土教理の発展においても欠かすことはできない。

りゅうにょ【龍女】『法華経』提婆達多品（だいばだったぼん）に登場する娑竭羅（しゃから）龍王の娘。経には、海中の龍宮でこの経を説いていた文殊が釈尊の御前に赴き、わずか八歳の龍女がさとり（成仏）を目前にしていることを告げた。しかし仏弟子たちは「さとりは永い修行の末に得られるものである」また「女性が速やかに成仏することは至難である」などと言って、それを信じなかった。すると龍女は釈尊の御前に現れ、忽然（こつぜん）と自らあえて男性の姿となり、さらには速やかに成仏の姿を示して説法を施した。これによって仏弟子たちは彼女の成仏を信じるにいたったという。法然上人は即身成仏の唯一の事例としてこの龍女を挙げたが、すでに『三教指帰（さんごうしいき）』において弘法大師空海も、現身で成仏した事例としてこの龍女に言及している。

るずう【流通】 経典の教えを後世に流布し、伝え留めおくべきことを説いた箇所。一般的に経典は、その内容から序分（じょぶん）（その経を説くに至る由来・因縁を述べる箇所）、正宗分（しょうじゅうぶん）（その経の中心をなす箇所）、流通分の三段より構成され、流通分は通常、その末尾に配置されている。

ろくど【六度】 さとりを得るための六種の修行。度には「渡る」の意味があり、この六度の行を成就して迷いの世界からさとりの世界へと渡るのである。六種の修行とは、①布施（ふせ）（真心をもって施し与えること）、②持戒（じかい）（戒律を守ること）、③忍辱（にんにく）（耐え忍ぶこと）、④精進（しょうじん）（たゆまず努力すること）、⑤禅定（ぜんじょう）（瞑想により精神を統一すること）、⑥智慧（ちえ）

（執着を離れ、物事の真理を見極めること）の六。浄土宗において六度万行といった場合、念仏以外のすべての善行を指す。→はらみつ【波羅蜜】

ろくどう【六道】→①ろくしゅ【六趣】

ろくよくしぜん【六欲四禅】 六欲天と四禅天のこと。仏教の世界観の中でいう天界の一部。天界の名称には諸説があるが、『倶舎論』によれば、六欲天とは下から上に向かって四大王衆天、三十三天、夜摩天、都(と)史多天(したてん)、楽変化天(らくへんげてん)、他化自在天の六層を指し、はじめの二天はまだ須弥山の地表部分に位置する。六欲天はいずれも三界のうち欲界に属している。次に四禅天とは、六欲天の上層にあり、初禅天、第二禅天、第三禅天、第四禅天を指し、その一々に数種の天界を含んでいる。四禅天はいずれも色界に属し、さらにこの上には無色界に属する天界がある。両者とも禅定によって到達する境地であり、こうした天界の境地を越えてさとりの世界（仏界）があるとされる。→①さんがい【三界】、とうり【忉利】、とそつ【兜率】

ろっぽう【六方】 東・西・南・北・上・下の方角。あらゆる方角を言い表す。『阿弥陀経』においては、この六つの方角に在す諸仏が各々に念仏往生の教えが真実であることを証明されている。なお、『阿弥陀経』の異訳経典である玄奘訳『称讃浄土仏摂受経』には、この六方に、東南・西南・東北・西北の四を加えて十方とし、やはりあらゆる世界を表現している。→①じっぽう【十方】

〔第一集　消息編〕

【あ行】
悪鬼悪神
阿弥陀仏の化身
安心
一念往生の義・一念義
懐感
廻向
恵心僧都源信

【か行】
起行
逆罪
九条兼実
功徳
位高く往生して
下三品
建永の法難
劫
光明
五逆罪
五逆十悪
五通・三明

【さ行】
在家・出家
三悪道
三縁
三界
三種の愛心
三心
三部経
三宝
三昧発得
地獄
舌をのべて
四智・三身・十力・四無畏
七難消滅の法
十方
十悪五逆
十八願
正行
正業
生死
正定の業
聖道門・浄土門
浄土へ迎えとらん
助業
正如房
真言止観の行
神通